RUPERT SCHOLZ

Gemeindliche Gebietsreform
und regionale Energieversorgung

Schriften zum Öffentlichen Recht

Band 322

Gemeindliche Gebietsreform und regionale Energieversorgung

Zu den Grenzen gemeindlicher Betätigungsfreiheit auf
dem Gebiet der leitungsgebundenen Energieversorgung

Von

Prof. Dr. Rupert Scholz

DUNCKER & HUMBLOT / BERLIN

Alle Rechte vorbehalten
© 1977 Duncker & Humblot, Berlin 41
Gedruckt 1977 bei Buchdruckerei Bruno Luck, Berlin 65
Printed in Germany
ISBN 3 428 03975 0

Vorwort

Die gemeindliche Gebietsreform hat in territorialer wie in funktionaler Hinsicht zu vielfältigen Veränderungen und Neuordnungen, bis hin zu wirklichen Umbrüchen in der örtlichen Territorial- und Verwaltungsstruktur geführt. Der politische wie rechtliche Streit um die Legitimation, die Effizienz und die Grenzen dieser gemeindlichen Gebietsreform hält an. Im Zuge inzwischen abgewickelter Neuordnungsmaßnahmen treten neuerdings und verstärkt jedoch Folgewirkungen der Gebietsreform in das Blickfeld — Folgewirkungen, die man bei Erlaß der territorialen Neuordnungsmaßnahmen entweder nicht übersehen oder doch nicht hinreichend berücksichtigt hat und denen es heute politisch wie rechtlich zu begegnen gilt.

Eine zentrale Problemstellung dieser Art liegt im Verhältnis von gemeindlicher Gebietsreform und regionaler Energieversorgung. Wo die deutsche Energiewirtschaft bisher auf weitgehend intakte Strukturen und versorgungspolitisch auf ein System einigermaßen homogener und daseinsvorsorgerisch gesicherter Raumverteilung wie vor allem auf ein Verhältnis real funktionierender Kooperation von regionalen Energieversorgungsunternehmen und gemeindlichen Gebietskörperschaften vertrauen durfte, dort bahnen sich heute, als mittelbare Folge der gemeindlichen Gebietsreform, evidente Umbrüche an, die dieses Gesamtsystem einer funktionierenden und wirtschafts- wie sozialpolitisch intakten Energieversorgung ernsthaft in Frage stellen können. Dieser Gefahr rechtlich zu begegnen, ist zunächst Aufgabe des Rechts der Gebietsreform selbst sowie des geltenden Energiewirtschafts- und allgemeinen Gemeindewirtschaftsrechts. Im weiteren nennt die skizzierte Entwicklung aber auch eine primäre Aufgabenstellung rechtspolitischer Art: Die anstehende Reform des deutschen Energiewirtschafts- bzw. Energieversorgungsrechts wird das Verhältnis von Gemeinden bzw. gemeindlicher Energiewirtschaft und privater bzw. regionaler Energiewirtschaft auf neue und dauerhaft tragfähige Grundlagen zu stellen haben.

Die hiesige Untersuchung, der ein für die Arbeitsgemeinschaft Regionaler Energieversorgungsunternehmen e. V. (ARE) erstelltes Rechtsgutachten zugrunde liegt, sucht einen Beitrag zur Lösung dieser sowohl rechtlich aktuellen als auch rechtspolitisch aufgegebenen Fragen zu leisten.

Berlin, Mai 1977　　　　　　　　　　　　　　　　　　　　Rupert Scholz

Inhaltsverzeichnis

I. *Problemstellung* 9

II. *Grundlagen* 11

    1. Zur Rechtsstellung der privaten (regionalen) Energieversorgung 11

    2. Private Energieversorgungsunternehmen und Konzessionsvertragsrecht 12

    3. Die regionalen Energieversorgungsunternehmen als Teil privater Wirtschaft im kommunalen Raum 15

III. *Regionale Energieversorgung und das Recht der kommunalen Gebietsreform* 19

    1. Formen der kommunalen Gebietsreform 19

    2. Folgen der kommunalen Gebietsreform 19

    3. Nachfolgeregelungen und bundesstaatliche Kompetenzordnung 25

    4. Planungsrechtliche Schranken gemeindlicher Folgenregelung ... 27

    5. Folgerungen 34

IV. *Gemeindliche und regionale Energieversorgung unter der Garantie der kommunalen Selbstverwaltung und unter dem Energiewirtschaftsgesetz* 37

    1. Energieversorgung und gemeindliche Selbstverwaltung 37

    2. Zielsetzungen des Energiewirtschaftsgesetzes und reale Folgen der Gebietsreform 40

    3. Zum Erfordernis rechtspolitischer Weiterentwicklung 44

V. *Regionale Energieversorgung und Gemeindewirtschaftsrecht* 48

    1. Grundstrukturen der kommunalen Wirtschaftsordnung 48

    2. Bezüge zur staatlichen Wirtschaftsverfassung 55

    3. Kommunale und private Energieversorgung zwischen Kooperation und Konkurrenz 56

    4. Folgerungen 62

VI. Regionale Energieversorgung und Straßenrecht 65

1. Das Straßenrecht als Grundlage leitungsgebundener Energieversorgung 65
2. Anspruch regionaler Energieversorgungsunternehmen auf Nutzung der kommunalen Straßen? 67
3. Zwischenbilanz 70

VII. Regionale Energieversorgung und Grundrechte 71

1. Allgemeines 71
2. Regionale Energieversorgungsunternehmen und Schutz von grundrechtlicher Berufs- und Gewerbefreiheit (Art. 12 I GG) ... 73
3. Regionale Energieversorgungsunternehmen und Schutz der grundrechtlichen Eigentumsgarantie (Art. 14 GG) 80
4. Grundrechtliche Gegenpositionen? 92

VIII. Regionale Energieversorgung und Wettbewerbsrecht 94

1. Fragestellung und Grundlagen 94
2. Regionale Energieversorgung und Schutzregeln des GWB 97
3. Regionale Energieversorgung und Schutzregeln des UWG 103
4. Zusammenfassung 104

IX. Ergebnisse 105

Literatur 108

I. Problemstellung

Die kommunale Gebietsreform hat fast allen Bundesländern in der jüngsten Vergangenheit erhebliche Veränderungen auf territorialem wie auf verwaltungsfunktionellem Gebiet beschert. Nicht nur die Frage um Eignung und Effizienz der gebietsreformerischen Neuordnungsmaßnahmen selbst haben manchen schweren Zweifel hervorgerufen; Zweifel und neuartige Fragen haben sich darüber hinaus an Nebenwirkungen der kommunalen Gebietsreform geknüpft, d. h. an mittelbare Folgen, die man bei Erlaß der gebietsreformerischen Neuordnungsmaßnahmen entweder nicht vorhergesehen oder nicht hinreichend einkalkuliert hat. Eine maßgebende Problemstellung dieser Art liegt im Verhältnis von kommunaler Gebietsreform und regionaler Energieversorgung. Wo die örtliche Energieversorgung bisher auf ein ausgewogenes und funktionell intaktes System sowohl regional-verbundwirtschaftlicher als auch örtlich-kommunaler Energiewirtschaft vertrauen durfte, dort bahnen sich heute als Folge der territorialen Veränderungen auch Veränderungen in den versorgungswirtschaftlichen Kompetenzstrukturen auf gemeindlichem wie übergemeindlichem (regionalem) Gebiet an. Die bisherige Geschlossenheit der örtlichen und regionalen Versorgungsräume wird mittels Neu- oder Umbildung gemeindlicher Gebietskörperschaften vom Entstehen neuer oder veränderter Zuständigkeitsträger bzw. — zum Teil — vom Auftreten gegenläufiger Zuständigkeitsinteressen bedroht, wenn nicht bereits aufgebrochen. Tatsächlich pflegen sich Gefahren dieser Art vor allem in der Weise zu realisieren, daß neu- oder umgebildete kommunale Gebietskörperschaften zur Einrichtung oder Ausdehnung energiewirtschaftlicher Eigenzuständigkeiten zu Lasten bestehender Zuständigkeiten regionaler Energieversorgungsunternehmen tendieren. Auf diese Weise können versorgungspolitisch intakte bzw. regional ausgewogene verbundwirtschaftliche Strukturen zerschlagen bzw. zugunsten örtlich-kommunaler Kompetenzegoismen beeinträchtigt werden. Die Brücke zu derartigen Entwicklungen schlägt vor allem das örtlich-kommunale Wegemonopol, auf dessen — durch Konzessionsvertrag bewilligte — Nutzung jedes Unternehmen leitungsgebundener Energieversorgung angewiesen ist. Im Abschluß entsprechender Konzessionsverträge gelten die jeweiligen kommunalen Gebietskörperschaften als prinzipiell frei. Demgemäß scheint sich Gemeinden, die durch Maßnahmen der kommunalen Gebietsreform neu- oder umgebildet worden sind, auch die Möglichkeit zu eröffnen, über ihre Zugehörigkeit zu regionalenergiewirtschaftlichen Versorgungsräumen bzw. über die Verdrängung privater (regionaler) Energieversorgungsunternehmen vom örtlichen (regional integrierten) Energiewirtschaftsmarkt neu und gegebenenfalls frei zu disponieren. Daß Maßnahmen dieser Art zu wirtschaftlich, sozialpolitisch und rechtlich gravierenden Unzuträglichkeiten führen können, liegt auf der Hand. Demgemäß stellt sich die Frage, ob Gemeinden tatsächlich über unbeschränkte Dispositionsbefugnisse der vorgenannten Art verfügen.

Konkret läßt sich der Gegenstand der nachfolgenden Untersuchung demgemäß vor allem auf jene Fragestellung konzentrieren: Sind gemeindliche Gebietskörperschaften, die aus Maßnahmen der kommunalen Gebietsreform in neuer oder veränderter Gestalt hervorgegangen sind, im Verhältnis zu privaten Unternehmen der leitungsgebundenen Energieversorgung rechtlich (absolut) frei im Neuabschluß oder in der Nichterneuerung bzw. Kündigung von Konzessionsverträgen, auf deren Grundlage frühere Gemeinden oder Teile derselben von Unternehmen der regionalen Energieversorgung energiewirtschaftlich versorgt wurden? Oder obliegen den gemeindlichen Gebietskörperschaften insoweit rechtliche Schranken?

Die Beantwortung dieser Frage weist sowohl auf das Recht der kommunalen Gebietsreform selbst, auf das Energiewirtschaftsrecht, das allgemeine Gemeindewirtschaftsrecht, auf das Wirtschaftsverfassungsrecht nebst Grundrechten als auch auf das allgemeine Straßen- und Wettbewerbsrecht hin. Der thematische Zusammenhang dieser Rechtsgrundlagen erweist sich freilich als außergewöhnlich komplex. Er offenbart sowohl im Recht der kommunalen Gebietsreform als auch im geltenden Gemeindewirtschafts- und Energiewirtschaftsrecht zahlreiche Lücken ebenso positivrechtlicher wie rechtspolitischer, zumindest aber interpretativer Art.

II. Grundlagen

1. Zur Rechtsstellung der privaten (regionalen) Energieversorgung

Ausgangspunkt zur Bestimmung des Verhältnisses von gemeindlicher Gebietsreform, gemeindlicher Energieversorgungskompetenz und Bestandsschutz von Unternehmen der regionalen Energieversorgung ist zunächst die Bestimmung des rechtlichen Standorts der regionalen Energieversorgung und ihrer Unternehmungen.

Die Unternehmen der regionalen Energieversorgung sind Teil der „öffentlichen Energieversorgung" i. S. des EnWG (vgl. § 2 II) und zugleich Unternehmen der Privatwirtschaft, da ihre Träger, ihre Organisationsformen und ihre versorgungswirtschaftliche Funktion privatrechtlich strukturiert sind[1].

Die regionalen Energieversorgungsunternehmen unterstehen damit ebenso wie die kommunalen Energieversorgungsunternehmen dem EnWG als *allgemeiner Rechtsordnung* bzw. als Gesetzgebung, die sowohl öffentlich-rechtliche als auch privatrechtliche Funktionsträger gleichermaßen erfaßt und prinzipiell den gleichen Rechtsfolgen unterstellt[2].

Soweit die regionalen Energieversorgungsunternehmen als Rechtssubjekte des Privatrechts figurieren, treten sie den Gemeinden als Trägern hoheitlicher Gewalt prinzipiell in der Rechtsstellung des gewaltunterworfenen Rechtssubjekts gegenüber. Im Rahmen dieser öffentlich-rechtlichen Rechtsbeziehungen bestehen allerdings sowohl *subordinationsrechtlich* als auch *koordinationsrechtlich* verfaßte Rechtsverhältnisse zwischen Gemeinde und privatem Energieversorgungsunternehmen. Neben diesen öffentlich-rechtlichen Beziehungen zwischen Gemeinde und privaten Energieversorgungsunternehmen bestehen auch maßgebend privatrechtliche Beziehungen zwischen beiden, und zwar nicht nur im formell-privatrechtlichen Sinne materiell-öffentlich-rechtlichen Verwaltungsprivatrechts, sondern auch im Sinne materiellen Privatrechts: nämlich und namentlich dort, wo die privaten Energieversorgungsunternehmen mit den Gemeinden als Privateigentümern von Straßengelände kontrahieren[3].

---

[1] s. hierzu noch näher unten 2, 3.
[2] Zum EnWG als in diesem Sinne „allgemeinem Recht" vgl. bereits R. Scholz, Das Wesen und die Entwicklung der gemeindlichen öffentlichen Einrichtungen, 1967, S. 152 ff.
[3] Vgl. dazu weiter unten sub 3.

Im Verhältnis von privaten Energieversorgungsunternehmen und kommunalen Energieversorgungsunternehmen ergeben sich weiterhin und erneut äußerst komplexe Rechtsbeziehungen, die als konkurrenz- sowie versorgungswirtschaftliche Grundfunktionen sowohl in das Gemeindewirtschaftsrecht bzw. in das allgemeine Wirtschaftsverfassungsrecht als auch in das Straßen- und Wettbewerbsrecht einschlagen.

Auf dem Hintergrund dieser komplexen Rechtsbezüge ist die Frage nach dem Verhältnis und Bestand der regionalen Energieversorgungsunternehmen im Rahmen der kommunalen Gebietsreform zu beantworten.

2. Private Energieversorgungsunternehmen und Konzessionsvertragsrecht

Die rechtlichen Beziehungen zwischen Gemeinde und regionalen bzw. privaten Energieversorgungsunternehmen sind vornehmlich vertragsrechtlich gestaltet[4].

Im einzelnen ist hierbei zwischen den folgenden Vertragstypen zu unterscheiden:

a) Dem sog. *A-Vertrag*, bei dem das Energieversorgungsunternehmen die von ihm produzierte Energie an die Gemeinden liefert, die diese ihrerseits an die Gemeindeeinwohner als Abnehmer vertreibt. Insoweit handelt es sich im Verhältnis zwischen Energieversorgungsunternehmen und Gemeinde um einen üblichen privatrechtlichen Sukzessivlieferungsvertrag über Elektrizität usw.[5].

b) Dem sog. *B-Vertrag*, bei dem das private Energieversorgungsunternehmen die Versorgung der Gemeindeeinwohner unmittelbar übernimmt. In diesem Fall treffen Gemeinde und Energieversorgungsunternehmen verschiedene Vereinbarungen, unter denen der *Konzessionsvertrag* von entscheidender Bedeutung ist.

Der Konzessionsvertrag umfaßt neben einer Reihe gegenseitiger Bedingungen, Rechte etc. vor allem die Einräumung einer wegerechtlichen Nutzungserlaubnis an das Energieversorgungsunternehmen zur Verlegung der erforderlichen Versorgungsleitungen innerhalb des gemeind-

---

[4] Vgl. näher zum folgenden u. a. Stern, AöR 84, 137 ff., 273 ff.; Malzer, Das Recht der Energielieferungsverträge, 1976, S. 11 ff.; Emmerich, Das Wirtschaftsrecht der öffentlichen Unternehmen, 1969, S. 156 ff.; Niederleithinger, Die Stellung der Versorgungswirtschaft im Gesetz gegen Wettbewerbsbeschränkungen, 1968, S. 52 ff.; Bartlsperger, Die Werbenutzungsverträge der Gemeinden, 1975, S. 32 ff.; R. Scholz, Gemeindliche öffentliche Einrichtungen, S. 154 ff. jeweils m. w. Nachw.

[5] Vgl. näher z. B. Bettermann, (unveröff.) Rechtsgutachten über die Auswirkungen der Gebietsreform auf die Verträge der Kommunen mit Energieversorgungsunternehmen, 1975, S. 2.

2. Energieversorgungsunternehmen und Konzessionsvertrag

lichen Straßengeländes. Dieser Nutzungserlaubnis korrespondieren die Leistungspflicht des Energieversorgungsunternehmens, die von diesem zu zahlende Konzessionsabgabe sowie das dem Energieversorgungsunternehmen von der Gemeinde eingeräumte Ausschließlichkeitsrecht (Verzicht der Gemeinde auf das Betreiben eines eigenen Energieversorgungsunternehmens und auf Einräumung von Wegenutzungs- bzw. Leitungsverlegungsrechten an dritte Energieversorgungsunternehmen).

Die straßen- oder wegerechtliche Nutzungserlaubnis, die die Gemeinde dem Energieversorgungsunternehmen einräumt, erfließt grundsätzlich aus dem privatrechtlichen Eigentum der Gemeinde an ihrem Wege- bzw. Straßengeländes (bzw. aus dem privatrechtlichen Straßen- oder Wegeeigentum anderer Gebietskörperschaften).

Demgemäß qualifiziert die h. M. den Konzessionsvertrag als *privatrechtliches Institut*[6]. Von anderen wird der Konzessionsvertrag dagegen als *auch öffentlich-rechtliches Institut* qualifiziert. Denn neben die privatrechtliche Eigentumsnutzungserlaubnis tritt — in der Regel — noch die aus dem öffentlichen Straßenrecht folgende und damit öffentlich-rechtlich qualifizierte Sondernutzungserlaubnis[7]. In diesem Sinne differenziert auch das Straßenrecht zwischen privatrechtlicher und öffentlich-rechtlicher Nutzungsgestaltung[8]. Die privatrechtliche Gestaltung genügt nach § 8 X BFStrG etc. lediglich dann, wenn „sie den Gemeingebrauch nicht beeinträchtigt, wobei eine Beeinträchtigung von nur kurzer Dauer für Zwecke der öffentlichen Versorgung außer Betracht" bleiben solle. Da entsprechend kurzfristige Beeinträchtigungen des Gemeingebrauchs zumeist den Tatbestand der Verlegung von Leitungssystemen der Energieversorgung nicht ausschöpfen werden, werden Konzessionsverträge — zumindest in diesen Fällen — sowohl einen privatrechtlichen als auch einen öffentlich-rechtlichen Gestaltungsteil umfassen[9]. Der

---

[6] Vgl. z. B. Niederleithinger, Stellung der Versorgungswirtschaft, S. 85; Fischerhof, DÖV 57, 305 (310); Maunz, VerwArch 50, 315 (337); Lukes, Die Benutzung öffentlicher Wege zur Fortleitung elektrischer Energie, 1973, S. 32 ff.; Bartlsperger, Werbenutzungsverträge, S. 32 ff.; Nesselmüller, Rechtliche Einwirkungsmöglichkeiten der Gemeinden auf ihre Eigengesellschaften, 1977, S. 90 f.

[7] Vgl. Stern, AöR 84, 286 ff., 311, 323 ff.; Schack, VerwArch 54, 43 (55 m. N. 73); Peters - Salzwedel, Die Kostenverteilung zwischen Straßenbaulastträgern und öffentlichen Verkehrsunternehmern, 1960, S. 42; Hoppe, DVBl 65, 581 f.; R. Scholz, Gemeindliche öffentliche Einrichtungen, S. 157.

[8] Vgl. z. B. § 8 I BFStrG einerseits und § 8 X BFStrG andererseits; entsprechend regelmäßig das Landesstraßenrecht.

[9] Vgl. auch Biedenkopf - Kellmann, Die wege- und kartellrechtliche Problematik der Verlegung von Energieversorgungsleitungen für den Eigenbedarf, 1970, S. 9 ff.; Lukes, Benutzung öffentlicher Wege, S. 36 ff.; vgl. allerdings auch BVerwG, DVBl 69, 312 ff. m. Anm. Schack; BGHZ 37, 353 (354 ff.).

Konzessionsvertrag erweist sich m. a. W. als *doppelt qualifizierter, sowohl privat- als auch öffentlich-rechtlicher Vertragstypus*[10].

Im einzelnen ist freilich innerhalb eines jeden Konzessionsvertrages sorgfältig zu differenzieren. Der öffentlich-rechtliche Teil beschränkt sich notwendig auf die eventuelle Verleihung einer straßenrechtlichen Sondernutzung. Der privatrechtliche Teil überwiegt dagegen; denn die privatrechtliche Gestaltung der Eigentumsnutzung ist stets erforderlich, und die übrigen Vereinbarungen — namentlich die im Gegenseitigkeitsverhältnis zur Eigentumsnutzung stehenden Abreden wie Abgabepflicht und Betriebspflicht — gehören gleichfalls und prinzipiell dem Privatrecht an. Privatrechtlich qualifiziert sind hiernach auch die meisten vertraglichen Gestaltungsrechte, wie insbesondere die Rechte von Vertragsbefristung und Vertragskündigung[11]. Aus privatrechtlicher Sicht stellt der Konzessionsvertrag demgemäß und in aller Regel einen gemischten (vor allem schuldrechtlichen) Vertrag dar[12]. Öffentlich-rechtlich qualifiziert ist dagegen die gemeindliche Willensentschließung, die zum Abschluß des Konzessionsvertrages mit einem privaten Energieversorgungsunternehmen führt. Denn wenn sich das zuständige Organ einer Gemeinde entschließt,

(1) Maßnahmen zur Energieversorgung der Gemeindeeinwohner zu ergreifen und

(2) im Vollzuge dieses Beschlusses ein privates Unternehmen kraft Konzessionsvertrages zur tatsächlichen Versorgungsleistung verpflichtet, so geschieht rechtlich zweierlei:

Einmal erfolgt ein gemeinderechtlicher Kompetenzentscheid und zum anderen wird ein intern privatrechtlicher Vertrag als Vollzugsmittel für diesen Kompetenzentscheid abgeschlossen. Der Kompetenzentscheid der Gemeinde ist notwendig öffentlich-rechtlich, weil er eine verwaltungsrechtliche Aufgabe der Gemeinde als solche begründet und regelt[13]. Daß der betreffende Kompetenzentscheid gleichzeitig bzw. insofern einen negativen Entscheid verkörpert, als die Gemeinde auf eine eigene Kompetenzwahrnehmung zugunsten des beauftragten privaten Energieversorgungsunternehmens verzichtet, ändert daran nichts. Denn dieser ge-

---

[10] Vgl. Stern, AöR 84, 286 ff., 311, 323 ff.; Schack, VerwArch 54, 55; Peters - Salzwedel, Kostenverteilung, S. 42; Hoppe, DVBl 65, 581 f.; R. Scholz, Gemeindliche öffentliche Einrichtungen, S. 157; unter Reformaspekten s. auch das Votum etwa Sterns, VVDStRL 21, 183 (191 ff.), für eine generell öffentlich-rechtliche Theorie der öffentlichen Sache und entsprechend z. B. zum Konzessionsvertrag Marschall, in: Börner, Wegerecht und europäisches Wettbewerbsrecht, 1966, S. 1 (14 f.).

[11] Zum Recht der Kündigung von Konzessionsverträgen etc. s. näher bes. Quack, AöR 91, 355 (360 ff.).

[12] Vgl. Stern, AöR 84, 295 ff.; Quack, AöR 91, 358.

[13] s. hierzu noch näher V 1 ff., VI 1, 2.

meindliche Verzicht impliziert *keinen Verzicht auf die Kompetenz als solche;* er bewirkt vielmehr einen bloßen *Kompetenzausübungsverzicht,* berührt den zuvor gefaßten *Kompetenzbegründungsentscheid* als solchen also nicht.

Diese — differenzierungsbedüftige — kompetenzrechtliche Problematik des Konzessionsvertragswesens ist bisher allerdings zu wenig beachtet worden. Die hier konkret zur Untersuchung anstehende Frage formuliert dafür ein beredtes Beispiel.

Vollends deutlich wird diese kompetenzrechtliche Seite des Konzessionsvertragswesens jedoch dann, wenn man die Alternative bedenkt. Diese könnte gegebenenfalls nämlich allein darin bestehen, daß eine Gemeinde ihr privatrechtliches Straßeneigentum einem privaten Energieversorgungsunternehmen aus ausschließlich fiskalischen Erwerbsgründen zur Verfügung stellte. Eine solche Sicht bzw. ein derartiges Verständnis des Konzessionsvertrages wäre jedoch weder in tatsächlicher noch in rechtlicher Hinsicht zutreffend: Die Gemeinde gestattet die Nutzung ihres Straßeneigentums vielmehr und *primär* aus *versorgungswirtschaftlichen Gründen* und allenfalls *sekundär* aus auch erwerbswirtschaftlichen Gründen *(akzidentielle Fiskalnutzung).*

3. Die regionalen Energieversorgungsunternehmen als Teil privater Wirtschaft im kommunalen Raum

Der Konzessionsvertrag verkörpert demgemäß keinen rein öffentlich-rechtlichen Vertrag; er hat — entgegen seiner mißverständlichen Bezeichnung — auch nicht den Inhalt der Verleihung einer (echten) öffentlich-rechtlichen Wirtschafts- bzw. Betriebskonzession. Die — vor allem von E. R. Huber[14] vertretene Gegenauffassung[15] hat sich als nicht zutreffend erwiesen[16]. Der Konzessionsvertrag hat keine Konzessionsverleihung zum Gegenstand, und er überführt die begünstigten privaten Energieversorgungsunternehmen auch nicht in den Status von *beliehenen Unternehmen.* Die wiederum von E. R. Huber[17] vertretene Gegenmeinung verkennt sowohl Begriff und Reichweite des Konzessionsvertrages als auch das Institut der Beleihung, das nach der herrschenden *Rechtsstellungstheorie*[18] die *organisationsrechtliche Eingliederung* eines pri-

---

[14] Vgl. Wirtschaftsverwaltungsrecht, I, 2. Aufl. 1953, S. 566 ff.
[15] s. auch Friesenhahn in: Probleme des Energierechts, 1965, S. 12 (13).
[16] Vgl. Fischerhof, DÖV 57, 300 ff.; Maunz, VerwArch 50, 333 ff.; Stern, AöR 84, 154 ff., 173; Niederleithinger, Stellung der Versorgungswirtschaft, S. 81 ff., 87 ff.; R. Scholz, Gemeindliche öffentliche Einrichtungen, S. 157.
[17] Vgl. Wirtschaftsverwaltungsrecht, I, S. 565 ff.; s. weiterhin auch Friesenhahn, S. 13.
[18] Vgl. hierzu bereits m. w. Nachw. R. Scholz, Gemeindliche öffentliche Einrichtungen, S. 29 f.

vatrechtlichen Subjekts in die öffentlich-rechtliche Verwaltungsorganisation eines Hoheitsträgers unter Übertragung originärer Hoheitsbefugnisse voraussetzt. Alle diese Voraussetzungen fehlen im Falle des Konzessionsvertrages. Das einen Konzessionsvertrag abschließende private Energieversorgungsunternehmen bleibt m. a. W. Privatrechtssubjekt[19].

Das gleiche gilt unter dem Aspekt der *daseinsvorsorgerischen Funktion* der Energieversorgungsunternehmen. Energieversorgung bildet zwar eine der zentralen Aufgaben moderner Daseinsvorsorge; hieraus folgt aber keine (notwendig) öffentlich- bzw. verwaltungsrechtliche Qualität daseinsvorsorgerischer Funktionsträger. Denn der Funktionsbegriff der Daseinsvorsorge, von E. Forsthoff[20] entwickelt, ist nicht *normativ-kompetenzrechtlicher*, sondern allein *soziologischer* bzw. *sozioökonomischer* Art[21]. Er beschreibt eine bestimmte soziale Funktion, ohne über deren rechtlich-juristische Organisation eine definitive Aussage zu machen. Privatrechtliche Daseinsvorsorgeträger bleiben also, unabhängig von ihrer daseinsvorsorgerischen Funktion, Privatrechtssubjekte, und öffentlich-rechtliche Daseinsvorsorgeträger bleiben, ebenso unabhängig von ihrer daseinsvorsorgerischen Funktion, Rechtssubjekte des öffentlichen Rechts, d. h. Verwaltungsrechtsträger[22].

Für die rechtliche Qualifikation der privaten Energieversorgungsunternehmen folgt daraus, daß ihr Standort und ihre Qualität — auch im Verhältnis zur kommunalen Verwaltungsorganisation — *privatrechtlich* qualifiziert sind[23]. Die Unternehmen der regionalen Energieversorgung gehören zur privaten Energieversorgung im vorgenannten Sinne. Denn die regionale Energieversorgung setzt sich laut Angaben der Arbeitsgemeinschaft Regionaler Energieversorgungsunternehmen e. V. (ARE)[24] überwiegend aus privaten und gemischt-wirtschaftlichen Un-

---

[19] Vgl. z. B. Niederleithinger, S. 81 ff., 87 ff.; Fischerhof, DÖV 57, 309 ff.; Maunz, VerwArch 50, 333 ff.; Stern, AöR 84, 154 ff., 173; R. Scholz, Gemeindliche öffentliche Einrichtungen, S. 157.

[20] Vgl. bes. Die Verwaltung als Leistungsträger, 1938; Rechtsfragen der leistenden Verwaltung, 1959, S. 9 ff.

[21] Vgl. Maunz, VerwArch 50, 319; Fischerhof, DÖV 57, 312 ff.; Emmerich, Die kommunalen Versorgungsunternehmen zwischen Wirtschaft und Verwaltung, 1970, S. 33 ff.; R. Scholz, Gemeindliche öffentliche Einrichtungen, S. 121 ff.

[22] Vgl. bes. Emmerich, Versorgungsunternehmen, S. 33 ff.; R. Scholz, Gemeindliche öffentliche Einrichtungen, S. 121 ff.; Niederleithinger, Stellung der Versorgungswirtschaft, S. 99 ff.; a. A. z. B. Friesenhahn, in: Probleme des Energierechts, S. 13; Becker, VVDStRL 14, 96 (109 f.); Köttgen, Gemeindliche Daseinsvorsorge und gewerbliche Unternehmerinitiative, 1961, S. 8 f.; BayVerfGH, DÖV 58, 216 (217 f.).

[23] Hieran ändert schließlich auch die gemeinsame Zuordnung von öffentlichen und privaten Energieversorgungsunternehmen zur „öffentlichen Energieversorgung" i. S. d. EnWG nichts (vgl. Emmerich, Versorgungsunternehmen, S. 37 f.; R. Scholz, Gemeindliche öffentliche Einrichtungen, S. 155 ff.; Niederleithinger, S. 84 ff. a. A. Friesenhahn, S. 13 ff.).

[24] Vgl. Brachmann, ET 76, 207 ff.

3. Regionale Energieversorgung als private Wirtschaft

ternehmen zusammen. Fünf von den achtunddreißig Mitgliedsunternehmen der ARE befinden sich allerdings zu 100 % in öffentlicher Hand, wobei der kommunale Anteil sich auf 98,9 % beläuft. Diese Unternehmen fallen damit jedoch gleichfalls unter den Tatbestand des gemischt-wirtschaftlichen Unternehmens i. S. des Gemeindewirtschaftsrechts[25], da sie nicht rein kommunale Unternehmen darstellen.

Der Streit um die rechtliche *Stellung des gemischt-wirtschaftlichen Unternehmens* ist zwar alt[26]. Die vielfältigen Versuche, das gemischt-wirtschaftliche Unternehmen namentlich dem öffentlichen Recht zu unterstellen bzw. das gemischt-wirtschaftliche Unternehmen zumindest partiell als Organisationstypus des Verwaltungsrechts zu erklären, sind jedoch sämtlich gescheitert. Denn im Falle des gemischt-wirtschaftlichen Unternehmens begegnen sich die öffentliche Hand bzw. ein Aufgabenträger des Verwaltungsrechts und der private bzw. sonstig-öffentliche Anteilseigner auf der Ebene privatrechtlicher Koordination und nicht auf der Ebene öffentlich-rechtlicher Subordination. Öffentliche und private Anteilseigner verbinden sich in Form der Kapitalbeteiligung zu einem gemeinsamen Unternehmen in der Rechtsform einer privatrechtlichen Kapitalgesellschaft. Die betreffende Kapitalgesellschaft ist damit jedoch Rechtssubjekt des Privatrechts und nicht etwa Rechtssubjekt des öffentlichen Rechts[27]. Jeder Versuch einer Form isoliert-öffentlich-rechtlicher Zuordnung zumindest des kommunalen oder sonstig öffentlichen Kapitalanteils, wäre nicht nur dogmatisch verfehlt, sondern auch rechtlich unzulässig. Denn Zuordnungsobjekt einer entsprechend öffentlich-rechtlichen Pflichtenstellung kann nur die Einheit des gesamten gemischt-wirtschaftlichen Unternehmens als *ein* Rechtssubjekt sein. In differenzierender Betrachtung, einzelne Kapitalanteile oder Geschäftsführungsbefugnisse öffentlich-rechtlichen und andere privatrechtlichen Zuordnungsgrundsätzen zu unterstellen, ist unmöglich. Aus diesem Grunde läßt sich das Problem der rechtlichen Zuordnung gemischt-wirtschaftlicher Unternehmen nur nach den Grundsätzen der Beleihung Privater lösen: Ungeachtet der konkreten Beteiligungsverhältnisse kann ein gemischt-wirtschaftliches Unternehmen nur dann zum Rechtssubjekt des öffentlichen Rechts werden, wenn ein hoheitlicher Beleihungsakt seitens eines verwaltungsrechtlichen Zuständigkeitsträgers vorliegt, durch den das gesamte Unternehmen zum (beliehenen) Rechtssubjekt des öffentlichen Rechts wird[28].

---

[25] Zum diesbezüglichen Begriff des gemischt-wirtschaftlichen Unternehmens i. S. d. §§ 69 ff. DGO und Nachfolgevorschriften vgl. m. w. Nachw. bereits R. Scholz, Gemeindliche öffentliche Einrichtungen, S. 105 ff., 135 f.

[26] Vgl. dazu die Nachweise bei R. Scholz, Gemeindliche öffentliche Einrichtungen, S. 105 ff., 135 f.

[27] Vgl. bereits R. Scholz, Gemeindliche öffentliche Einrichtungen, S. 135 f.

[28] Vgl. R. Scholz, Gemeindliche öffentliche Einrichtungen, S. 136.

Nur unter diesen Voraussetzungen kann folglich auch ein gemischtwirtschaftliches Energieversorgungsunternehmen Rechtssubjekt des öffentlichen Rechts bzw. kommunaler Verwaltungsträger sein. Fälle solcher Beleihung gibt es jedoch kaum; namentlich der Konzessionsvertrag vermag sie nicht zu vermitteln.

Im übrigen beteiligen sich die Gemeinden bewußt an der regionalen Energieversorgung in Gestalt des privatrechtlichen und privatwirtschaftlichen gemischt-wirtschaftlichen Unternehmens. Denn nur auf diese Weise gelingt es ihnen, über die eigenen Grenzen und die mit diesen notwendig verbundenen Funktionsschranken eigener Verwaltungshoheit vorzudringen; nur so können die Gemeinden sich die höhere Leistungsfähigkeit konzentrierter und transkommunaler Energieversorgungsunternehmen auf regionaler Basis zunutze machen; und in der eindeutigen Erkenntnis dessen haben sich die Gemeinden gerade auf dem Gebiet der Energieversorgung intensiv der Rechtsformen und Funktionschancen gemischt-wirtschaftlicher Formationen bedient[29]. Der rechtliche Standort dieser Formationen findet sich jedoch im Privatrecht und nicht im öffentlichen Recht. Auch gemischt-wirtschaftlich betriebene Energieversorgung bildet also privatrechtliche (private) Energieversorgung, ungeachtet der kapital- und/oder funktionsmäßigen Teilhabe kommunaler und/oder sonstig-öffentlicher Gebietskörperschaften. Daß auch gemischt-wirtschaftliche Energieversorgungsunternehmen mit kommunaler Beteiligung dem Gemeindewirtschaftsrecht unterstehen[30], ändert daran nichts. Denn das Gemeindewirtschaftsrecht führt jedenfalls nicht zur „Veröffentlichrechtlichung" bzw. verwaltungsrechtlichen Beleihung entsprechender Wirtschaftseinheiten[31]. Für den hiesigen Zusammenhang bedeutet dies, daß die regionale Energieversorgung auch in ihrer geschilderten (partiell gemischt-wirtschaftlichen) Struktur zur privaten Energieversorgung gehört und folglich nach den gleichen Rechtsgrundsätzen zu behandeln bzw. zu beurteilen ist wie diese.

---

[29] Vgl. hierzu bereits R. Scholz, DÖV 76, 441 (446 ff.).
[30] Vgl. dazu noch näher unten V 1, 3.
[31] Vgl. näher bereits R. Scholz, Gemeindliche öffentliche Einrichtungen, S. 105 ff., 135 f.

III. Regionale Energieversorgung und das Recht der kommunalen Gebietsreform

1. Formen der kommunalen Gebietsreform

Der Status der regionalen Energieversorgung bestimmt sich dem Gesagten zufolge nach Privatrecht und Konzessionsvertragsrecht. Vertragspartner der regionalen Energieversorgungsunternehmen sind kommunale Gebietskörperschaften, die im Zuge der kommunalen Gebietsreform als selbständige Gebietskörperschaften teilweise untergegangen sind, teilweise erweitert wurden bzw. Teile neuer Gebietskörperschaften geworden sind. Diese Wirkungen vollzogen und vollziehen sich in den nachstehenden, als typisch zu erkennenden[1] Rechtsformen:

a) der *Zusammenschluß* mehrerer kommunaler Gebietskörperschaften zu einer neuen, größeren Gebietskörperschaft;

b) die *Eingemeindung* einzelner oder mehrerer Gebietskörperschaften;

c) die *Umgemeindung* von Teilen kommunaler Gebietskörperschaften in andere Gebietskörperschaften;

d) die Auflösung einer kommunalen Gebietskörperschaft durch *Gemeindeteilung* bzw. *Gemeindeaufteilung;*

e) die *Ausgemeindung* einzelner Teile einer kommunalen Gebietskörperschaft und gebietskörperschaftliche Verselbständigung dieses bisherigen Gemeindeteils.

Die gleichen Kategorien gelten für die Kreisebene und deren Gebietsreform.

2. Folgen der kommunalen Gebietsreform

Die Bundesländer haben für diese ihre Gebietsreformen eine Fülle von Rechtsgrundlagen gesetzt, ohne daß es diesen jedoch gelungen wäre, eine wirklich geschlossene und komplette bzw. umfassend rechtssichernde Rechtsgrundlage zu schaffen. Eine solche Rechtsgrundlage besäße nämlich (u. a.) auch die Aufgabe, die Problematik der vielfältigen Rechts- und Pflichtennachfolgen auf seiten der neuen oder veränderten Gebietskörperschaften zu lösen bzw. in einer Weise zu gestalten, daß auch auf

---

[1] Vgl. näher z. B. Bettermann, (unveröff.) Rechtsgutachten über die Auswirkungen der Gebietsreform, S. 4 ff.

seiten der betroffenen Privaten bzw. sonstigen Drittrechtssubjekte rechtlich klare, vorhersehbare und bestimmte, d. h. der Rechtssicherheit genügende, sowie auch kontinuitätsgerechte Nachfolge- und Übergangslösungen geschaffen würden[2]. Die Evidenz dieser Aufgabe ist bereits verschiedentlich offenkundig geworden. Neben der hiesigen Frage nach dem Schicksal von Konzessionsverträgen ist z. B. an die bereits akut gewordenen Problemstellungen im Sparkassenrecht[3] und im Recht der örtlichen Innungen zu erinnern[4].

Der hiesigen Problemstellung, den Auswirkungen der komunalen Gebietsreform auf die private und regionale Energieversorgung, haben sich Gesetzgeber wie Rechtsprechung und Schrifttum bisher kaum angenommen[5]. Die regionale Energieversorgung gliedert sich gebietsmäßig nicht nach kommunalen Abgrenzungen. Ihr besonderer Vorteil und Wesenszug liegt gerade im regionalen, d. h. transkommunalen Bezug und in der entsprechenden Konzentration der (regional gegliederten) Energieversorgung.

Diese Konzentration, über deren übrige (namentlich wettbewerbspolitischen) Implikationen hier nicht zu handeln ist[6], hat im kommunalen Raum zur Verhinderung vielfältiger strukturpolitischer Versorgungsschwierigkeiten und zu vielfacher Versorgungsoptimierung geführt.

Diese bewährte Organisation der regionalen Energieversorgung kann durch die kommunale Gebietsreform nunmehr ernstlich in Frage gestellt werden. Durch die Neuaufteilung und veränderte Zuordnung von Gemeinden und Gemeindeteilen verändern sich nämlich auch die Zuständigkeiten der Gebietskörperschaften auf dem Gebiet der Energieversorgung und namentlich auch im Bereich der Konzessionsverträge.

Konkrete Spezialrechtsgrundlagen bestehen hierzu freilich — in der Regel — nicht; abgesehen von Ausnahmefällen, in denen z. B. im Gebietsänderungsvertrag vereinbart wurde, daß die aufnehmende Gemeinde den B-Vertrag des eingegliederten Gemeindeteils mit einem

---

[2] Zur Gesamtproblematik vgl. den recht guten, aber zu einseitig an den Rechtsverhältnissen und Interessen der Kommunen orientierten Überblick bei Hassel, Rechtsfolgen kommunaler Gebietsreform, 1975; s. auch z. B. Ladewig, Die Energieversorgungsunternehmen in der Raumordnung, 1970; Friedrich Giepner, Rechtsfolgeprobleme kommunaler Gebietsreform, Diss. jur. Münster 1974; Hohlfelder, Folgeprobleme der kommunalen Neugliederung am Beispiel der neuen Stadt Bonn, 1975.

[3] Vgl. hierzu bes. Stern - Nierhaus, Rechtsfragen der Neuordnung des Sparkassenwesens als Folge kommunaler Neugliederung, 1976.

[4] Vgl. zum letzteren Fröhler - Kormann, GewArch 76, 313 ff.; VG Minden, GewArch 75, 300 ff.; OVG Münster, GewArch 75, 92.

[5] Vgl. in letzterer Hinsicht freilich Brauksiepe, Versorgungswirtschaft und kommunale Neuordnung, 1972; Brachmann, ET 76, 207 ff.

[6] Zur Entwicklung s. z. B. Gröner, Die Ordnung der deutschen Elektrizitätswirtschaft, 1975, S. 51 ff.

2. Folgen der kommunalen Gebietsreform

Energieversorgungsunternehmen übernimmt[7], oder in denen sich die aufnehmende Gemeinde im Gebietsänderungsvertrag verpflichtet, den Konzessionsvertrag der eingegliederten Gemeinde mit einem Unternehmen der regionalen Energieversorgung „alsbald aufzuheben"[8].

Als Grundprinzip zur Regelung von Rechtsfolgen der Gebietsreform gilt nach geltendem Kommunalrecht der Grundsatz der kompletten bzw. prinzipiell unbeschränkten *Rechts- und Pflichtennachfolge* derjenigen Gebietskörperschaft, die aufgrund der Territorialreform andere Gemeinden oder Gemeindeteile übernimmt bzw. kraft Zusammenschlusses aus anderen Gemeinden (Gemeindeteilen) als neue Gebietskörperschaft entsteht[9]. Die Gebietsreformgesetzgebungen der Länder und deren Gemeinderecht sehen in diesem Sinne sowohl die Möglichkeit der Rechts- und Pflichtennachfolge ex lege wie die Möglichkeit der vertraglichen Auseinandersetzung vor[10]. Diese Regelungen münden jedoch sämtlich im Prinzip der rechtlich unmittelbaren Nachfolge. Zum anderen regeln diese Vorschriften nicht die Rechtsstellung Dritter; sie beschränken sich vielmehr auf die Regelung der innerkommunalen Rechts- und Nachfolgeverhältnisse.

Entsprechend sind die Regelungen des § 8 KAE zum Konzessionsabgabenrecht (Fall der Übernahme der Energieversorgung durch ein anderes Energieversorgungsunternehmen) und zum Straßenrecht angelegt. In letzterer Hinsicht gilt gleichfalls das Prinzip der Rechts- und Pflichtennachfolge[11], und zwar sowohl in sachen- wie in schuldrechtlicher Hinsicht[12]. Im hiesigen Zusammenhang bedeutet dies konkret zunächst zweierlei: zum einen, daß bestehende Konzessionsverträge nicht untergehen, vielmehr vom zuständigen Rechts- und Pflichtennachfolger zu erfüllen sind; zum anderen, daß der Vertragspartner eines regionalen Energieversorgungsunternehmens wechseln kann.

---

[7] Vgl. Nachweis bei Brauksiepe, Versorgungswirtschaft und kommunale Neuordnung, S. 55.

[8] Vgl. Nachweis bei Brauksiepe, S. 55.

[9] Vgl. näher z. B. Hassel, Rechtsfolgen kommunaler Gebietsreform, S. 16 ff.

[10] Vgl. z. B. §§ 6, 7 BadWüKreisreformG vom 26. 7. 71 (GBl S. 374); §§ 7-9 BadWüGO i. d. F. v. 22. 12. 75 (GBl 76, S. 1); Art. 13, 13a BayGO i. d. F. v. 5. 12. 73 (GVBl S. 600); §§ 17-20 NdsGO i. d. F. v. 7. 1. 74 (GVBl S. 1); §§ 14 ff. NRWGO i. d. F. vom 19. 12. 74 (GVBl S. 92); §§ 10 ff. RhPfGO i. d. F. v. 14. 12. 73 (GVBl S. 419); Art. 4, 13 Bay. Gesetz über Maßnahmen zur kommunalen Gebietsreform vom 25. 5. 72 (GVBl S. 169); §§ 14, 15 SchlHKreisO i. d. F. v. 6. 4. 73 (GVBl S. 109); § 5 Erstes SchlH.Gesetz einer Neuordnung von Gemeinde- und Kreisgrenzen sowie Gerichtsbezirken vom 22. 4. 60 (GVBl S. 60); §§ 14 ff. SchlHGO i. d. F. v. 6. 4. 73 (GVBl S. 89); § 83 Zweites SchlH.Gesetz einer Neuordnung von Gemeinde- und Kreisgrenzen sowie Gerichtsbezirken vom 23. 12. 69 (GVBl S. 280).

[11] Vgl. § 6 I BFStrG und entsprechend das Landesstraßenrecht (s. z. B. §§ 10 I NRWLStrG, 17 I SchlHLStrG).

[12] Vgl. gerade zum Konzessionsvertragsrecht BGH, NJW 76, 424; 73, 1699 f.

Verbunden hiermit ergeben sich durch die Gebietsreform aber weitere Auswirkungen, die mit diesem Tatbestand der Rechts- und Pflichtennachfolge noch nicht erfaßt sind bzw. diesen in der Realität erst in evidenter Weise komplizieren. Durch die Bildung neuer oder durch die territoriale Konzentration wie Teilung kommunaler Gebietskörperschaften können nämlich Schwierigkeiten sowohl hinsichtlich bestehender wie auslaufender, kündbarer und gegebenenfalls zu erneuernder Konzessionsverträge auftreten. Des weiteren können die gesetzlichen Nachfolgeregelungen wiederum mit konzessionsvertraglichen Absprachen kollidieren. Im einzelnen sind hiernach die nachstehenden Folgeprobleme indiziert:

(1) Eine Gebietskörperschaft ist im Wege der Eingemeindung um Gemeinden oder Gemeindeteile vergrößert worden, für die andere Konzessionsverträge maßgebend waren als für sie selbst. Die konkrete Gebietskörperschaft beabsichtigt nunmehr, eine für die gesamte neugebildete Gebietskörperschaft einheitliche Energieversorgung durch Zulassung und Vereinbarung nur einer Unternehmenszuständigkeit für das gesamte Gemeindegebiet einzurichten.

(2) Im gleichen Falle wie zu (1) unterhält die Kerngemeinde — im Gegensatz zu den ihr neu angegliederten (regional-energieversorgten) Gemeinden oder Gemeindeteilen — ein eigenes (kommunales) Energieversorgungsunternehmen. Die betreffende Gebietskörperschaft beabsichtigt nunmehr, die betreffenden regionalen Energieversorgungsunternehmen durch Ausdehnung der Zuständigkeit des eigenen Energieversorgungsunternehmens abzulösen.

(3) In den Fällen der Umgemeindung, Ausgemeindung und Gemeindeteilung geraten Regionen, die bisher von bestimmten regionalen Energieversorgungsunternehmen versorgt wurden, in den Zuständigkeitsbereich von Gebietskörperschaften, die entweder im Sinne der Folgenvariante (1) oder im Sinne der Folgenvariante (2) verfahren wollen.

(4) Weitere Komplikationen ergeben sich dann, freilich mit jeweils analoger Problemstruktur, wenn neben gemeindlichen Gebietsreformmaßnahmen noch solche auf der Kreisebene bestehen und — aus der Sicht der regionalen Energieversorgung — erneute bzw. weitere — gegebenenfalls sich sogar über- und unterlagernde — Konkurrenzen zwischen bestehenden Konzessionsverträgen, bestehenden Zuständigkeiten und kommunalen (kreismäßigen) Änderungswünschen schaffen.

Aus konzessionsvertraglicher Sicht ergeben sich die folgenden, von Brauksiepe[13] treffend beschriebenen Problemkonstellationen:

---

[13] Vgl. Versorgungswirtschaft und kommunale Neuordnung, S. 55 ff.

(5) Selbst wenn sich Konzessionsverträge ausdrücklich auf das „jeweilige Gemeindegebiet" beziehen oder ausdrücklich ihre Erstreckung auf eingemeindete Gebiete vorsehen (Eingemeindungsklausel), ergeben sich doch Schwierigkeiten, wenn für die eingemeindeten Gebiete bereits eigene bzw. gar entsprechend gefaßte Konzessionsverträge vorhanden sind. Nach dem gemeinderechtlichen Prinzip von der Rechts- und Pflichtennachfolge wird bei der Eingemeindung zwar derjenige Konzessionsvertrag den Vorrang haben, der für die aufnehmende Gemeinde maßgebend ist[14]. In den Fällen des Zusammenschlusses von Gemeinden bzw. der Neubildung einer Gebietskörperschaft aus mehreren bisher selbständigen Gemeinden oder entsprechenden Gemeindeteilen hilft dieser Grundsatz jedoch nicht weiter. Es bedarf m. a. W. einer anderen Form der Konkurrenzlösung. Brauksiepe[15] sucht diese im Recht der Gemeinde, sich die für sie selbst günstigere Lösung auszusuchen. Nach den Grundsätzen der vertraglichen Gleichordnung von Gemeinde und regionalem Energieversorgungsunternehmen ist eine solche Regelung jedoch nicht ohne weiteres vertretbar; der Gemeinde kann kein einseitiges Kündigungs- bzw. Vertragsänderungsrecht zugestanden werden. Hierzu bedürfte es einer gesetzlichen Ermächtigung, die ihrerseits wiederum etwaige Entschädigungsansprüche zugunsten der belasteten Energieversorgungsunternehmen regeln müßte[16]. Im übrigen liegt der richtige und rechtlich einzig vertretbare Weg in vertraglichen Neuvereinbarungen zwischen sämtlichen Beteiligten.

(6) Wenn eine Gemeinde, für die ein Konzessionsvertrag maßgebend ist, aufgeteilt wird, so stellt sich die Frage einer geteilten Rechtsnachfolge. Nach geltendem Gemeinderecht wäre diese Konsequenz einer solchen Sukzessionsregelung zu ziehen. Schwierigkeiten ergeben sich jedoch dann, wenn einer der Teilrechtsnachfolger den Konzessionsvertrag später kündigen, ein anderer diesen jedoch verlängern will. Da jede rechtsnachfolgebegabte Gemeinde insoweit entscheidungsmäßig autonom ist, stellen sich erneut beträchtliche Probleme.

(7) Das zentrale Problem lautet schließlich dahin: Gibt es rechtliche oder tatsächliche Schranken, die die Gemeinden bei der Kündigung von (konkurrierenden) Konzessionsverträgen zu beachten haben? Rein vertragsrechtlich ist dies nicht der Fall, sofern das Kündigungsrecht nicht ausdrücklich im betreffenden Konzessionsvertrag in der einen oder anderen Richtung beschränkt wurde.

Festzuhalten ist weiterhin, daß allein der Tatbestand der Gebietsreform den neugebildeten oder rechtsnachfolgenden Gebietskörperschaf-

---

[14] Vgl. Brauksiepe, S. 56.
[15] Vgl. S. 56 f.
[16] Zur Maßgeblichkeit von Entschädigungsansprüchen gem. Art. 14 GG s. unten VII 3.

ten nicht etwa ein Recht zur außerordentlichen Vertragskündigung („wegen Wegfalls der Geschäftsgrundlage" o. ä. — § 242 BGB) verleiht. Denn der Tatbestand der Gebietsreform als solcher verändert nicht die Geschäftsgrundlage eines Konzessionsvertrages. Im Gegenteil, nicht zuletzt das gemeinderechtliche Prinzip der gesetzlichen Rechts- und Pflichtennachfolge bestätigt die Regel vom prinzipiellen Fortbestand des Konzessionsvertrages.

Soweit Gebietskörperschaften dagegen zur ordentlichen Kündigung von Konzessionsverträgen berechtigt sind, können sie — zumindest nach Konzessionsvertragsrecht — frei über die weitere Energieversorgung ihrer Einwohner entscheiden. Soweit sie diese in eigene Regie nehmen wollen, wirkt sich zu ihren Gunsten zudem das Übernahmerecht an den Versorgungsleitungen des privaten (regionalen) Energieversorgungsunternehmens aus, dessen Konzessionsvertrag gekündigt oder nicht verlängert wurde und dessen Konzessionsvertrag eine derartige Übernahmeklausel enthielt[17]. Neben die konzessionsvertragliche Problematik tritt schließlich noch die, freilich vergleichbare Problematik bei den A-Verträgen. Mit Brauksiepe[18] sind hiernach folgende Problemkonstellationen zu beachten:

(8) Hinsichtlich etwaiger Eingemeindungsklauseln gilt das gleiche wie oben zu (5).

(9) Einer vertraglichen Zusammenfassung durch entsprechenden Abänderungsvertrag bedürfte es, wenn der Energielieferant auch das eingegliederte Gebiet beliefert. Ist eine solche Abänderung von seiten der neugebildeten oder erweiterten Gebietskörperschaft nicht zu erreichen, so bleibt es bei der bisherigen Vertragslage kraft Rechts- und Pflichtennachfolge auf der kommunalen Seite.

(10) Wenn ein drittes Energieversorgungsunternehmen das eingegliederte Gebiet beliefert, so gilt vertragsrechtlich das gleiche wie zu (9).

(11) Im Falle einer geteilten Rechtsnachfolge in A-Verträge gilt das gleiche wie zu (6).

Als *Zwischenergebnis* ist demnach festzuhalten, daß Konzessions- und Bezugsverträge mit privaten (regionalen) Energieversorgungsunternehmen prinzipiell Bestand haben, daß sich andererseits aber verschiedene Konkurrenzprobleme ergeben und daß sich insbesondere die Frage der Verlängerung bzw. Kündigung solcher Verträge als evidentes Folgeproblem der kommunalen Gebietsreform stellt.

---

[17] Vgl. dazu z. B. Stumpf, EltW 60, 276 ff.; Quack, AöR 91, 361 ff.
[18] Vgl. S. 58 ff.

3. Nachfolgeregelungen und bundesstaatliche Kompetenzordnung

Die im vorangegangenen Abschnitt 2) wiedergegebenen landesrechtlichen Vorschriften zur kommunalrechtlichen Rechts- und Pflichtennachfolge bzw. innerkommunalen Auseinandersetzung sind allerdings nur dann anwendbar, wenn sie ihrerseits verfassungsmäßig sind. Gegen ihre Verfassungsmäßigkeit hat K. A. Bettermann[19] aus bundesstaatlicher Sicht Bedenken geltend gemacht: Da diese Regelungen materiell zum bürgerlichen Recht gehörten und für dieses gem. Art. 74 Nr. 1 GG i. V. m. dem bürgerlich-rechtlichen Kodifikationsprinzip (Art. 3, 55, 218 EGBGB) allein der Bundesgesetzgeber zuständig sei, bestünde für landesrechtliche Nachfolgeregelungen der gegebenen Art prinzipiell kein kompetenzieller Raum[20]. Nach hiesiger Auffassung trifft die Ansicht Bettermanns jedoch nicht zu[21], ohne daß etwa die Gegenthese Gröttrups[22], derzufolge den Ländern schon von Traditions wegen eine entsprechende (auch privatrechtliche) Regelungskompetenz im kommunalen Bereich zustehen müsse, als hinreichend überzeugungskräftig anzuerkennen wäre.

Entscheidend ist vielmehr ein anderer Aspekt: Die Abgrenzung der Gesetzgebungskompetenzen von Bund und Ländern hat unter dem Grundgesetz nach dem *Kriterium einer funktionalen Kompetenzqualifikation* zu erfolgen, wonach sowohl der politische Zweck als auch die faktische Wirkung (Rechtsfolge) von Rechtssätzen zur kompetenzrechtlichen Beurteilung dieser heranzuziehen sind[23]. Die hier zur Qualifizierung anstehenden Rechtsnormen des Gemeinde- und Landesgebietsreformrechts verfolgen funktional keinen Regelungsgegenstand des Bürgerlichen Rechts, sondern einen solchen des Kommunalrechts, das als solches in die ausschließliche Gesetzgebungskompetenz der Länder fällt[24]. Wenn im Kontext dieser Gesetzgebungen privatrechtliche Rechts- und Pflichtennachfolgen geregelt werden, so handelt es sich insoweit nicht um Rechtssetzungen bürgerlich-rechtlicher Art i. S. des Art. 74 Nr. 1 GG, sondern allein um die Regelung sachlich unausweichbarer Folgetatbestände mit lediglich mittelbarem (reflexivem) Bezug zum bürgerlichen Recht. Denn wenn eine Gebietsreform bestimmte Rechtssubjek-

---

[19] Vgl. (unveröff.) Rechtsgutachten über die Auswirkungen der Gebietsreform, S. 9 ff., 47 ff.; s. auch Heydt, DVBl 65, 509 ff.

[20] Zu diesen kompetenzrechtlichen Schranken der Landesgesetzgebung vgl. näher auch BVerfGE 7, 342 (347 ff.); 11, 192 (199); 24, 367 (386 ff.).

[21] Vgl. im Ergebnis auch Gröttrup, AfK 67, 98 ff.

[22] Vgl. AfK 67, 101 ff.

[23] Vgl. näher bereits R. Scholz, in: Bundesverfassungsgericht und Grundgesetz. Festgabe für das Bundesverfassungsgericht, II, 1976, S. 252 (264 ff.).

[24] Vgl. z. B. BVerfGE 1, 14 (34); 4, 178 (189); 12, 205 (228 f.); R. Scholz, Gemeindliche öffentliche Einrichtungen, S. 45 ff., 140 ff.; Püttner, Gutachten zum 49. DJT, Bd. I, 1972, Teil F, S. 37 ff.

te des Öffentlichen Rechts auflöst, aufteilt oder neu schöpft, so stellt sich die unausweichliche Aufgabe, auch die fiskalisch-privatrechtlichen Seiten solcher Rechtssubjektgestaltung bzw. -veränderung mitzuregeln (Einheit von öffentlich-rechtlicher und privatrechtlicher Rechtssubjektivität juristischer Personen des öffentlichen Rechts!). Die landesrechtlichen Normen zur Rechts- und Pflichtennachfolge setzen demgemäß kein (eigenständiges) Privatrecht, sondern regeln lediglich (privatrechtliche) Reflexe eines zum landesrechtlichen Kompetenzbereich ressortierenden Themas (Kommunalrecht)[25]. Daß das Kommunalrecht bzw. Öffentliche Recht das kompetenzielle (Haupt-)Thema der Gemeinde- und Gebietsreformgesetzgebungen darstellt, hatte bereits das Reichsgericht erkannt[26]. Nur wenn dies nicht der Fall wäre, wenn das Bürgerliche Recht also entsprechend funktionaler Hauptregelungsgegenstand wäre, fehlte es an der landesrechtlichen Gesetzgebungskompetenz. Dies ist hier jedoch nicht der Fall.

Hinzu kommt als weiterer kompetenzbegründender oder doch kompetenzrechtfertigender Umstand die Tatsache, daß das Kommunalrecht seit jeher nicht allein bzw. institutionell strikt geschlossenes Öffentliches Recht darstellt. Gerade die Breite der kommunalen Leistungsverwaltung und damit der Kern der gemeindlichen Selbstverwaltung umfassen seit jeher eine intensive Zone gesellschaftlich-ökonomischer Engagements in privatrechtlichen Formationen (dualistische Struktur der gemeindlichen Selbstverwaltung „zwischen" Staat und Gesellschaft und damit auch „zwischen" staatlich-öffentlichem Recht und gesellschaftlich-privatem Recht)[27]. Demgemäß ist die kommunale Selbstverwaltung im Bereich ihrer Leistungsverwaltung auch heute als institutionelle Mischung von öffentlich- und privatrechtlichen Strukturelementen zu erkennen[28]. Diese institutionelle Privatrechtsqualität der kommunalen Selbstverwaltung muß sich auch kompetenzrechtlich auswirken. Dem für das Kommunalrecht zuständigen Landesgesetzgeber kann m. a. W. das Recht zur Gesetzgebung in funktional eindeutig kommunalen Angelegenheiten nicht unter Berufung auf den — in der Regel nur organisationsrechtlich relevanten — Privatrechtscharakter solcher Angelegenheiten bestritten werden. Voraussetzung für eine solche Begrenzung der Landesgesetzgebungskompetenz wäre vielmehr ein Überschreiten dieses

---

[25] Zur diesbezüglichen mittelbaren oder reflexiven Regelungskompetenz eines „an sich" unzuständigen Gesetzgebers vgl. bes. BVerfGE 8, 104 (116 f.); 9, 185 (189); 13, 181 (196); 26, 281 (298); 28, 119 (146 ff.); 29, 402 (409); 33, 52 (60 f.); 36, 193 (205).

[26] Vgl. RGZ 68, 213 (215 ff.); auch RGZ 68, 370 (372 f.).

[27] s. näher hierzu bereits R. Scholz, Gemeindliche öffentliche Einrichtungen, S. 35 ff., 98 ff.

[28] Vgl. näher bes. *Gröttrup*, Die kommunale Leistungsverwaltung, 1973, S. 100 ff.

funktionalen Bezugs zum Gemeinderecht bzw. ein „konstitutives" Eindringen des Landesgesetzgebers in das Bürgerliche Recht, verstanden als bundesrechtlich-kodifikatorisch geschlossener Kanon bestimmter (Privatrechts-)Institutionen[29].

Die im vorliegenden Zusammenhang vom Landesgesetzgeber als Mechanismen zur Lösung der Rechtsfolgen der Gebietsreform eingesetzten Institute der Gesamtrechtsnachfolge und Gesamtpflichtennachfolge sowie des Auseinandersetzungsvertrages bilden keine entsprechend neuartigen oder gar wesensverändernden Institutionen. Beide gehören vielmehr zum klassischen Institutionenkomplex des Bürgerlichen Rechts; der Landesgesetzgeber durfte sich ihrer demgemäß zur Lösung der (auch privatrechtlichen) Folgeprobleme seiner Gebietsreformmaßnahmen bedienen.

Das gleiche Resultat ergibt sich schließlich unter dem Aspekt der ungeschriebenen Landesgesetzgebungskompetenz kraft Sachzusammenhangs oder kraft notwendiger Annexregelung[30]. Beide Voraussetzungen wären im vorliegenden Fall erfüllt[31].

Zusammenfassend ist folglich davon auszugehen, daß die gegebenen Regelungen des Gemeinde- und Gebietsreformrechts kompetenzrechtlich gültig sind und damit eine wirksame Grundlage für die Regelung der hier zur Untersuchung stehenden Folgeproblematik im Verhältnis von Gebietsreform und regionaler Energieversorgung abgeben.

4. Planungsrechtliche Schranken gemeindlicher Folgenregelung

Das System der einschlägigen Nachfolgeregelungen eröffnet den — durch die Gebietsreform neu gebildeten, erweiterten etc. — Gebietskörperschaften zunächst die Chance, nach Ablauf von Konzessionsverträgen die Energieversorgung in ihrem (neuen) Gebiet neu zu ordnen bzw. auch zu Lasten der regionalen Energieversorgungsunternehmen umzugestalten, bis hin zur Übernahme der Energieversorgung in gemeindeeigene Regie. Auf der anderen Seite stehen das Recht der Ge-

---

[29] In dieser Richtung s. deutlich auch BVerfGE 24, 367 (386 ff.): zum Institut des (Privatrechts-)Eigentums; vgl. weiterhin jetzt BVerfGE 42, 20 (28 ff.) mit der richtigen Feststellung, daß landesrechtliche Regelungen über die Rechtsverhältnisse an den öffentlichen Straßen und Wegen („öffentliches Eigentum" und Schadenshaftung) nicht unter die Bundeskompetenz aus Art. 74 Nr. 1 GG („bürgerliches Recht"), sondern unter die straßenrechtliche Gesetzgebungskompetenz des jeweiligen Landesgesetzgebers fallen.

[30] Zu diesen Kompetenzen und ihren Voraussetzungen vgl. bes. BVerfGE 3, 407 (421 ff.); Achterberg, AöR 86, 63 (88 ff.); Bullinger, AöR 96, 237 (241 ff.); R. Scholz, in: Bundesverfassungsgericht und Grundgesetz, II, S. 272 ff.

[31] Vgl. richtig Grőttrup, AfK 67, 103 ff.; a. A. allerdings Bettermann, (unveröff.) Rechtsgutachten über die Auswirkungen der Gebietsreform, S. 19 f., 20 ff.

bietsreform selbst und deren spezifische Zielsetzungen. Zu fragen ist m. a. W., ob diese eine solche, gegebenenfalls freie oder gar willkürliche Disposition der Gemeinden über gewachsene und gegebenenfalls funktionstüchtige Strukturen der örtlichen Energieversorgung gestatten.

Um diese Frage zu beantworten, bedarf es des Rückblicks auf die grundsätzlichen Zielsetzungen der kommunalen Gebietsreform.

Die wichtigsten Zwecke der Gebietsreform in sämtlichen Bundesländern lauteten: Erhöhung örtlicher Verwaltungskraft, Stärkung integraler Gemeindeselbstverwaltung, Verbesserung kommunaler Verwaltungseffizienz durch territoriale und entsprechend kompetenzielle Konzentration, räumlicher, wirtschaftlicher und kompetenzieller Ausgleich zwischen leistungsstarken und leistungsschwachen Kommunen, Rationalisierung der untersten Verwaltungsstufe im gesamtstaatlichen Verwaltungsaufbau.

Als materiale Leitprinzipien dieser verwaltungsorganisatorischen schen und verwaltungsinstrumentalen Ordnungsgrundsätze wirkten neben der Garantie der kommunalen Selbstverwaltung in Art. 28 II GG (bzw. in den entsprechenden Landesverfassungsbestimmungen) vor allem das Demokratie-, das Sozialstaats- und das Rechtsstaatsprinzip (Art. 20/28 I GG)[32]. Die konkreten Ausformungen, Grenzen sowie verfassungs- und verwaltungsrechtlichen Beschränkungen dieser Zielsetzungen haben sich in einer breiten Rechtsprechung namentlich der Landesverfassungsgerichte niedergeschlagen[33], auf die, soweit im hiesigen Zusammenhang erforderlich, zurückzukommen sein wird. Diese Rechtsprechung hat sich durchgehend allerdings nur mit dem Rechtsschutz der von der Gebietsreform betroffenen Gemeinden gegenüber den sie betreffenden staatlichen Reformmaßnahmen befaßt. Diese Rechtsprechung hat sich m. a. W. (bisher) nicht mit der Frage auseinandergesetzt, welche Schranken die Gebietsreform gegenüber Dritten, namentlich also gegenüber Privaten innerhalb der Kommunen, einhalten muß. Einer solchen Rechtsprechung mag es vor allem deshalb nicht bedurft haben, weil jene gebietsreformerischen Planungsmaßnahmen den Privaten in der Regel nur mittelbar berühren bzw. sich diesem gegenüber erst dann zur

---

[32] Vgl. näher zum Ganzen u. a. Loschelder, Kommunale Selbstverwaltungsgarantie und gemeindliche Gebietsgestaltung, 1976, S. 78 ff., 85 ff., 214 ff., 250 ff.; F. Wagener, Städte- und Gemeinderat 1973, 237 ff.; Hoppe - Rengeling, Rechtsschutz bei der kommunalen Gebietsreform, 1973, S. 3 ff., 47 ff., 85 ff., 105 ff.; Hoppe, DVBl 71, 473 ff.; Rengeling, DVBl 76, 353 ff.; Knemeyer, DÖV 72, 346 ff.; Siedentopf, Die Verwaltung 71, 279 ff.; Soell, BayVBl 77, 1 ff., 41 ff.; Göb - Laux - Salzwedel - Breuer, Kreisentwicklungsplanung, 1975.

[33] Vgl. zusammenfassend und mit umfangreichen Nachweisen hierzu bes. Hoppe - Rengeling, Rechtsschutz bei der kommunalen Gebietsreform, S. 78 ff., 167 ff.; Hoppe - Stüer, Städte- und Gemeinderat 1976, 47 ff.; 76, 183 ff.; 76, 213 ff.; 76, 257 ff.; Stüer, DVBl 77, 1 ff.; v. Burski, DÖV 76, 810 ff.

4. Planungsrechtliche Schranken gemeindlicher Folgenregelung

unmittelbar rechtsrelevanten (eingreifenden) Maßnahme verdichten, wenn im konkretisierenden Vollzug raumplanerischer Intentionen oder infolge planerischer Kompetenzerweiterungen (-veränderungen) von den Gemeinden selbst bestimmte, namentlich grundrechtsrelevante Maßnahmen ergriffen werden. Auch insoweit fehlt es vorerst jedoch noch an aufhellendem Rechtsprechungsmaterial. Ungeklärt bzw. wenig beachtet ist demgemäß die Frage, ob und inwieweit planerische Ziele, die die, der Gebietsreform unterworfenen Gemeinden verpflichten, von diesen auch gegenüber ihren Einwohnern zu beachten sind; oder m. a. W.: ob und inwieweit die planerischen Grundziele der Gebietsreform auch Privaten gegenüber wirksam sind — sei es in begünstigender, sei es in belastender Weise.

Wirkungen oder gegebenenfalls auch Verpflichtungen dieser Art können naturgemäß nur reflexiver und objektiv-rechtlicher Art sein. Unmittelbar bzw. sogar subjektiv-rechtlich begünstigende Wirkungen zugunsten Privater gehen von entsprechenden Planungsmaßnahmen mit Sicherheit nicht aus. Entsprechend reflexive oder mittelbar wirksame Planungsziele bestehen jedoch und können sich auch zugunsten Privater auswirken.

Die konkrete Wirkungsweise solcher Planungsziele wird freilich erst dann offenkundig, wenn man den *prozeßhaften Charakter der Raumplanung* — wie auch jeder anderen Planung — erkennt und berücksichtigt. Die von der Gebietsreform verfolgten Ziele sind mit dem konkreten territorialen Neu- oder Umgliederungsakt als solchem naturgemäß weder erreicht noch hinlänglich gewahrt; erreicht oder gewahrt ist allein *die Grundlage* für entsprechende Planungserfolge bzw. für die konkrete Umsetzung der planerisch aufgegebenen Zielsetzungen. In diesem Sinne steht auch die Gebietsreform unter dem permanenten Vorbehalt der konkretisierenden Erfüllung durch die territorial neu- oder umgebildeten Gebietskörperschaften. Die staatlich verfügte Gebietsänderung nennt allein die Ziele und sucht die Voraussetzungen für eine effizientere Gemeindeverwaltung etc. zu schaffen. Die reale Einlösung oder Erfüllung dieser Zielsetzungen liegt bei den Gemeinden selbst. Diese sind m. a. W. nicht nur — so freilich ein recht landläufiges Verständnis der Gebietsreform — Objekt der staatlichen Planung, sondern auch mit der Planungskonkretisierung beauftragtes Rechtssubjekt. Den Gemeinden ist hiernach nicht nur die interne Konterkarierung der territorialen Planungsziele untersagt; die Gemeinden sind vielmehr auch verpflichtet, die entsprechenden Planungsziele selbst zu erfüllen bzw. auch in eigener planerischer Verantwortung konkretisierend fortzuschreiben.

Die kommunale Gebietsreform bildet in diesem Sinne nur die erste Stufe einer umfassenden Verwaltungsreform, in deren Rahmen an die territoriale Reform die funktionale Reform anzuschließen ist[34]. Eine besondere Rolle spielt in diesem Zusammenhang (auch) die gemeindliche Planung, d. h. diejenige planerische Grundkompetenz, die den Gemeinden kraft der Selbstverwaltungsgarantie des Art. 28 II GG garantiert ist (*gemeindliche Planungshoheit*)[35] und die die Gemeinden auch zu (funktionalen) Fach- und Entwicklungsplanungen befähigt bzw. beruft[36]. Diese kommunale Planungshoheit darf zwar nicht zum bloßen Vollzugsinstrument staatlicher Planung bzw. zum schlichten Vollstrecker der Vorgaben staatlicher Planung umgewandelt werden (dies verstieße gegen die in Art. 28 II GG den Gemeinden garantierte Eigenverantwortung)[37]; soweit Maßnahmen staatlicher (Raum-)Planung aber legitim sind und damit auch vor der Selbstverwaltungsgarantie des Art. 28 II GG Bestand haben, setzen solche Planungen auch verbindliche Daten für die kommunale (Entwicklungs-)Planung. Gerade im Sinne einer selbstverwaltungskonformen Planungsverfassung ist von der staatlichen Planung zu verlangen, daß sie auf die kommunale Planungskompetenz ein Höchstmaß an Rücksicht nimmt; und dies bedeutet positiv, daß die staatliche Planung der kommunalen Planung hinreichend Raum zur gemeindeeigenen, d. h. an den Spezifika der „örtlichen Gemeinschaft" im Sinne des Art. 28 II GG orientierten Konkretisierung und Fortschreibung belassen muß.

Staatliche (Raum-)Planung und gemeindliche (Fach-, Entwicklungs-) Planung stehen damit in einem spezifischen Zusammenhang gegenseitiger Abhängigkeit und gegenseitiger Zuordnung. Die wichtigsten Grundsätze für das Verständnis und die Regelung dieses Abhängigkeits- und Zuordnungsverhältnisses sind die folgenden:

(1) Die staatliche Planung hat die organisations- und funktionsrechtlichen Vorbehalte der kommunalen Selbstverwaltung zu achten (Art. 28 II GG).

(2) Die gemeindliche Planungshoheit untersteht andererseits den (Rahmen-)Daten der staatlichen Planung; sie hat diese zu achten; sie darf diese nicht inhibieren oder konterkarieren; sie hat deren Vorgaben vielmehr in ortsspezifisch adäquater Weise zu konkretisieren und fortzuschreiben.

---

[34] Vgl. hierzu Siedentopf, DVBl 75, 13 ff.; Rehn, Städte- und Gemeinderat 1975, 404 ff.; Pappermann - Roters - Vesper, Maßstäbe für die Funktionalreform im Kreis, 1976, S. 1 ff., 6 ff.; vgl. auch NRWVerfGH, NJW 76, 1197.

[35] Vgl. z. B. BVerwGE 34, 301 (304 f.); 40, 323 (325); Gönnenwein, Gemeinderecht, 1963, S. 49 ff.; Schmidt - Aßmann, Grundfragen des Städtebaurechts, 1972, S. 160 f.; Badura, W. Weber-Festschrift, 1974, S. 911 ff.; Stern - Burmeister, Die Verfassungsmäßigkeit eines landesrechtlichen Planungsgebots für Gemeinden, 1975, S. 28 ff.

[36] Zu Wesen und Aufgaben der kommunalen Entwicklungsplanung vgl. u. a. J. J. Hesse, Organisation kommunaler Entwicklungsplanung, 1976, bes. S. 84 ff.

[37] Vgl. näher hierzu Stern - Burmeister, Verfassungsmäßigkeit, S. 28 ff.

4. Planungsrechtliche Schranken gemeindlicher Folgenregelung 31

(3) Das Verhältnis von staatlicher und gemeindlicher Planung gleicht dabei nur begrenzt dem Verhältnis von staatlichem Gesetz und vollziehender Gemeindeverwaltung. Denn Planung impliziert und bedingt — auf der staatlichen wie auf der kommunalen Seite — ein wesentliches Maß an eigenständigem, d. h. Programmbildung wie Programmvollzug umschließendem Planungsermessen[38].

(4) Die von der staatlichen Planung gesetzten Daten wirken im Verhältnis zur kommunalen Planung demgemäß als *ermessensleitende (konkretisierungsbedürftige und konkretisierungsfähige) Direktiven*. Mit dieser Maßgabe sind sie für die Gemeinden jedoch unmittelbar verbindlich.

(5) Nicht entschieden ist damit, auf welche Weise bzw. in welchen Verfahrensformen die Gemeinden die Vorgaben der staatlichen Planung umsetzen, beachten und konkretisieren. Vorrangig maßgebend sind insoweit die allgemeinen Verwaltungs- bzw. spezifischen Selbstverwaltungszuständigkeiten der Gemeinden. Wenn die Gemeinden z. B. nicht unmittelbar zu eigenen Plänen greifen, so pflegen sich Beachtung, Umsetzung und Konkretisierung im Rahmen der allgemeinen Gemeindeverwaltung sowie auch im Rahmen allgemeiner, den Gemeinden obliegender Gesetzesausführungen zu vollziehen.

Aufgrund dieser Grundsätze klärt sich auch das Verhältnis von staatlich gesetzten Planungsdaten bzw. staatlich-planerischen Zielsetzungen und mittelbar planungsbetroffenen Privaten: Die betreffenden Daten oder Zielsetzungen werden den Privaten gegenüber mittelbar, d. h. im Rahmen der gemeindlichen Konkretisierungskompetenzen, wirksam. Soweit Daten oder Zielsetzungen dieser Art die Gemeinden jedoch verpflichten, insoweit begünstigen oder belasten sie (mittelbar) auch den thematisch betroffenen Privaten.

Auf dem Hintergrund dieser Grundsätze ist nunmehr das Verhältnis von kommunaler Gebietsreform und regionaler Energieversorgung zu verfolgen.

Die regionale Energieversorgung sieht sich hiernach — ebenso wie die gemeindeeigene Energieversorgung — vorrangig durch die sozialstaatlichen Zielsetzungen der Gebietsreform berührt. Die wichtigsten Detailziele dieser prinzipalen Reformzielsetzung bestehen darin, auf örtlicher Ebene die Voraussetzungen für eine „bestmögliche Versorgung der Bevölkerung im Rahmen eines umfassenden Leistungsangebots" zu schaffen. In diesem Sinne postuliert auch § 2 I Nr. 2 ROG, daß „die verkehrs-

---

[38] Zu diesem Wesen des Planungsermessens bzw. der Planung allgemein vgl. u. a. Badura, BayVerfGH-Festschrift, 1972, S. 157 ff.; Schmidt-Aßmann, Grundfragen des Städtebaurechts, S. 161 ff.; ders., VVDStRL 34, 221 (251 ff.); R. Scholz, VVDStRL 34, 145 (166 ff.).

und versorgungsmäßige Aufschließung, die Bedienung mit Verkehrs- und Versorgungsleistungen und die angestrebte Entwicklung ... miteinander in Einklang zu bringen" sind. Die Bundesraumordnungsgesetzgebung verfügt damit einen institutionellen Zusammenhang von raumordnerischer Entwicklung und daseinsvorsorgerischen Standortbedingungen[39].

Die gleichen Grundsätze gelten für die kommunale Gebietsreform. Da die Gemeinden als „Garanten für die soziale, kulturelle und existentielle Sicherung der Grundbedürfnisse des einzelnen" gelten, „ist das erklärte Ziel der Gemeindereform die Stärkung der Leistungsfähigkeit und Verwaltungskraft der gemeindlichen Selbstverwaltung durch die Schaffung genügend großer und unter Berücksichtigung der Lebens- und Wirtschaftsräume abgegrenzter örtlicher Verwaltungseinheiten, die in der Lage sind, die an Umfang, Gewicht und Kompliziertheit ständig wachsenden Aufgaben der örtlichen Gemeinschaft insbesondere im Bereich der Daseinsvorsorge für die Bürger im wesentlichen allein und eigenverantwortlich zu bewältigen"[40]. „Aus sozialstaatlichen Gründen steht somit die Versorgungsfunktion der Gemeinden im Vordergrund"[41]. Sie soll in den Stand versetzt werden, möglichst Lebensverhältnisse gleichwertig-einheitlicher Qualität auf örtlicher Ebene zu schaffen[42], in Verbindung mit den allgemeinen verwaltungsorganisatorischen Grundsätzen von Effizienz, Funktionsgerechtigkeit und Wirtschaftlichkeit[43]. In diesem Sinne können *für* die Gebietsreform z. B. versorgungspolitische Verbindungen, gemeinschaftliche Wirtschaftsplanungen bis hin zu technischen Versorgungsgemeinschaften mehrerer Gemeinden sprechen[44]. *Für* eine Gebietsreform können weiterhin Umstände der Wirtschaftsstruktur bzw. einer „optimalen Förderung der (örtlichen) Wirtschaft" sprechen[45]. Umgekehrt ist daraus der Schluß zu ziehen, daß eine Gebietsreform dort *nicht legitimiert* ist, wo sie *gegenteilige Effekte* auslöst oder im weiteren Vollzug doch auszulösen geeignet ist. In diesem Sinne untersteht jede Maßnahme der Gebietsreform dem materiellen

---

[39] Vgl. näher hierzu mit spezifischem Bezug gerade zur Energiewirtschaft bes. Ladewig, Die Energieversorgungsunternehmen in der Raumordnung, S. 4 ff. und passim.

[40] Vgl. in diesem Sinne richtig zusammenfassend Soell, BayVBl 77, 2.

[41] Soell, BayVBl 77, 2.

[42] Vgl. NRWVerfGH, Städte- und Gemeinderat 76, 179 (180 f.); Salzwedel, DÖV 69, 810 (814 f.); Soell, BayVBl 77, 2; Hoppe - Rengeling, Rechtsschutz bei der kommunalen Gebietsreform, S. 110; Siedentopf, Die Verwaltung 71, 280.

[43] Vgl. z. B. BadWüStGH, DÖV 75, 387; NRWVerfGH, NJW 76, 1197; Soell, BayVBl 77, 2. Weitere Nachw. aus der Rspr. s. bei Stüer, Städte- und Gemeinderat 1976, 262 f.

[44] Vgl. mit umfangreichen Nachw. aus der Rspr. Stüer, Städte- und Gemeinderat 1976, 261; v. Burski, DÖV 76, 811.

[45] Vgl. BadWüStGH, DÖV 76, 595 (599).

4. Planungsrechtliche Schranken gemeindlicher Folgenregelung

wie verfahrensmäßigen *Kontroll- und Legitimationsvorbehalt einer prinzipiellen Schaden-Nutzen-Bilanz*[46].

Bei deren Einsatz ist wiederum nicht jedem beliebigen (propagierten) Vorteil der nutzenmäßige Vorrang einzuräumen. Im Gegenteil, nach dem Grundsatz der Verhältnismäßigkeit bedarf es der entsprechenden *Evidenzkontrolle*[47]. In deren Rahmen sind jeweils auch die konkreten Realitäten eingehend zu prüfen. Nicht jede potentielle Erleichterung kraft irgendeiner technischen Verbindung berechtigt bereits zu den — zwangsläufig gravierenden — Eingriffsmaßnahmen einer Gebietsreform[48]; und wenn die eigentlichen Zuständigkeiten für eine angestrebte Verbesserung gar nicht bei den gebietsmäßig zu verbindenden Gemeinden, sondern bei Dritten (namentlich staatlichen Instanzen) liegen, so fehlt es gleichfalls an einer planungsrechtlich hinlänglichen Legitimation[49].

Diese Grundsätze verpflichten nach dem Gesagten nicht nur den Akt der Gebietsreform als solchen, sondern auch alle Akte der weiteren Konkretisierung, der planerischen Fortschreibung und der konkret-verwaltungsrechtlichen Umsetzung im kommunalen Raum bzw. durch die Kommunen selbst. Denn der „*Prozeß Planung*" umfaßt den gesamten, d. h. den intendierten wie vollziehenden Entwicklungsprozeß, macht funktionell wie legitimatorisch also nicht etwa vor jenen konkreten (konkreteren) Entwicklungs- oder Vollzugsstufen Halt.

Reflexiv wirken sich diese vorgenannten Grundsätze schließlich auch zugunsten wie zu Lasten Privater aus. Soweit diese, z. B. bestimmte Privatunternehmen, entsprechender Bestandteil der zu fördernden (nicht zu schädigenden) Wirtschafts- oder Versorgungsstruktur im kommunalen Raum sind, nehmen sie mittelbar am Abwägungsprozeß planerischer Schaden-Nutzen-Bilanz teil. Denn ihre sozioökonomische Existenz und wirtschaftliche Funktionsfähigkeit bilden einen der — im Verhältnis von gebietsreformerisch planendem Staat und planerisch betroffener Gebietskörperschaft — zentralen Abwägungsfaktoren; und diese planungsrechtlich relevante Maßstabsqualität der Privaten bleibt auch für den weiteren Prozeß der (kommunalen) Planungskonkretisierung, -fortschreibung und -vollziehung evident.

Wie bereits dargetan, sieht sich diese *fortwirkende Maßstabsqualität* privater Rechte in ihren Einzelheiten bisher noch wenig untersucht. Bis-

---

[46] Vgl. NRWVerfGH, DVBl 76, 391 (393); 76, 393 (394 f.); BadWüStGH, NJW 75, 1205 (1212); Soell, BayVBl 77, 6 f.; Stüer, Städte- und Gemeinderat 1976, 257; Hoppe - Rengeling, Rechtsschutz bei der kommunalen Gebietsreform, S. 138 ff.; kritisch vgl. hierzu Schmidt - Aßmann, VVDStRL 34, 259.

[47] Vgl. zu dieser bes. Schmidt - Aßmann, VVDStRL 34, 258.

[48] Vgl. Soell, BayVBl 77, 43.

[49] Vgl. NRWVerfGH, DVBl 76, 393 (394 f.).

her stellten sich vor allem die Fragen des Streits zwischen Gemeinde und Staat um die Legitimation bestimmter Gebietsreformen; und im Zusammenhang dieser Streitigkeiten bildeten die Rechte und Positionen Privater nur mittelbare Kriterien zur Rechtfertigung oder Verwerfung bestimmter Reformmaßnahmen im Verhältnis von Staat und Gemeinde. Unmittelbar bzw. selbst streitbetroffen waren die Privaten bisher nicht. Dennoch lassen sich aus ersten Ansätzen der Rechtsprechung bereits einige wesentliche Leitgrundsätze auch zum Schutz Privater entnehmen: Zugunsten privater Rechtspositionen kann vor allem das *Prinzip des Vertrauensschutzes* sprechen[50]. Konkret kann dieses allerdings nur unter besonderen („schutzwürdigen") Umständen, d. h. im Einzelfall erst darzulegenden Umständen wirksam werden. Eine generelle Unveränderlichkeits- oder bestandsmäßig absolute Status-quo-Garantie zugunsten bestimmter privater Dispositionen besteht nicht[51].

Zusammenfassend ist nunmehr jedoch festzuhalten, daß *Gebietsreform wie Folgemaßnahmen* — auch im Rahmen legitimen planerischen Ermessens — *private Rechtspositionen mit planungsrechtlich (zielpolitisch) relevantem Schutzgehalt achten und wahren müssen.* Voraussetzung für eine entsprechende Schutzwürdigkeit privater Rechtspositionen sind:

(1) der zielpolitische Ordnungs- oder Strukturzusammenhang mit dem planungspolitischen Zielprogramm und

(2) der planungsbeschränkende Nachweis einer rechtlich — insbesondere grundrechtlich oder auch spezialgesetzlich — begründeten (schutzfähigen) Rechtsstellung, wobei ein (abstrakter) Vertrauens- oder Bestandsschutz als solcher freilich nicht gewährleistet ist.

In diesem Sinne ist bisher z. B. das Problem des Verhältnisses von Gebietsreform und (gemeindlichen) Sparkassen bzw. ihres Bestandsanspruches akut geworden. Stern-Nierhaus[52] haben die hierzu maßgebenden Lösungsgrundsätze aufgezeigt und dabei vor allem das Gebot zur inhaltlichen Abstimmung von Gebietsreform und folgebedingter Neuordnung des Sparkassenwesens verdeutlicht.

5. Folgerungen

Auf die hiesige Problemstellung angewandt, ergeben sich aus dem Vorstehenden die folgenden Konsequenzen:

---

[50] Vgl. NRWVerfGH, DVBl 76, 391 (392 f.); Stüer, DVBl 77, 1 ff.
[51] Vgl. im einzelnen sowie weiter hierzu unten sub VII 3.
[52] Vgl. Rechtsfragen der Neuordnung des Sparkassenwesens als Folge kommunaler Neugliederung, bes. S. 28 ff., 38 ff.

5. Folgerungen

a) aa) Die gemeindliche wie regionale Energieversorgung fällt in evidenter Weise in diesen planungspolitisch relevanten Ziel- und Schrankenbereich der kommunalen Gebietsreform. Denn eine funktionsfähige und sozialgerechte Energieversorgung gehört zu den unverzichtbaren Grundfunktionen örtlich intakter Sozialstaatsverantwortung.

bb) Eine Verbesserung der örtlichen Energieversorgungsbedingungen kann in diesem Sinne eine hervorragende und legitime Zielsetzung der kommunalen Gebietsreform bilden. Nicht legitimiert ist dagegen eine Gebietsreform, die — gemessen an der planungsrechtlichen Schadens-Nutzen-Bilanz — zu einer Beeinträchtigung oder Verschlechterung der örtlichen Energieversorgung führt.

cc) Diese Grundsätze verpflichten primär die staatlichen Gebietsreformmaßnahmen, sekundär verpflichten sie aber auch die Gemeinden bzw. die neugebildeten oder veränderten kommunalen Gebietskörperschaften bei deren Folgeplanungen, Planungsvollzügen bzw. sonstigen Berücksichtigungen, Anwendungen oder Konkretisierungen der gebietsreformerisch vorgegebenen Planungsdaten.

dd) Relevante Gegensätze zwischen Gebietsreform und funktionsfähiger Energieversorgung können sowohl im Verhältnis von Gebietsreform und gemeindeeigener Energieversorgung als auch im Verhältnis von Gebietsreform und regionaler Energieversorgung entstehen. Im letzteren Falle wirken die vorstehenden Schutzgrundsätze mittelbar (auch) zugunsten der Träger der regionalen Energieversorgung.

ee) Angesichts des breiten Spielraums planerischen Ermessens können sich — aus planungsrechtlicher Sicht — derartige Schutzwirkungen allerdings nur im Falle evidenten Ermessensfehlgebrauchs zum aktuellen Schutzanspruch eines Trägers regionaler (privater) Energieversorgung verdichten.

ff) Selbst wenn die (planungsrechtlichen) Voraussetzungen eines solchen Schutzanspruchs an sich — in Gestalt eines entsprechend evidenten Ermessensfehlgebrauchs — erfüllt sind, so bestehen für die Aktualisierung dieses Anspruchs doch noch weitere Voraussetzungen:

(1) Liegt der betreffende Rechtsverstoß bereits auf der Ebene der Gebietsreformmaßnahme selbst, so ist die Wirksamkeit (Rechts- und Verfassungsmäßigkeit) des betreffenden Plans im Verhältnis zur betroffenen Gemeinde kraft deren Recht zur Selbstverwaltung berührt. Für den mittelbar betroffenen Privaten ergeben sich nur dann durchsetzbare Abwehransprüche, wenn er — neben der Gemeinde und ihrem Selbstverwaltungsrecht — auch selbst in einem höherrangigen Recht, namentlich in einem Grundrecht, betroffen ist.

(2) Aktualisiert sich der betreffende Rechtsverstoß erst auf der späteren Stufe des Gesamtplanungsprozesses, d. h. im Rahmen von gemeindeplanerischer Fortschreibung, Vollziehung oder Anwendung, so können sich Abwehransprüche des Privaten nur gegenüber diesen Maßnahmen (nicht gegenüber der für sich genommen legitimen Gebietsreform), und dies — abgesehen von grundrechtsrelevanten Eingriffen — in der Regel nur nach Maßgabe der für diese Maßnahmen speziell einschlägigen Rechtsvorschriften, ergeben.

b) Für die regionale Energieversorgung folgt hieraus zunächst nur die Feststellung, daß die Träger der regionalen Energieversorgung gegen eine Gebietsreformmaßnahme direkt nur dann vorgehen können, wenn diese sie in ihren Grundrechten verletzt[53]. Solche Verletzungen werden im allgemeinen aber nicht nachzuweisen sein. Denn selbst wenn eine bestimmte Gebietsreform einen funktionsfähigen regionalen Energieversorgungsverbund faktisch gefährdet, so wird ein tatsächlicher Grundrechtsverstoß doch fast ausschließlich auf der Ebene der — konkretplanvollziehenden — Folgemaßnahmen der Gemeinde zu diskutieren sein.

Maßnahmen der Gebietsreform beeinflussen im übrigen das allgemeine gemeindliche Kompetenzsystem nicht. Der Gemeinde verbleibt z. B. das Recht der konzessionsvertraglichen Einigung wie auch Kündigung als solches unbenommen, selbst wenn eine konkrete Gebietsreformmaßnahme versorgungspolitisch gegenläufige Intentionen verfolgen sollte. Verstößt die Gemeinde z. B. bei der Kündigung eines Konzessionsvertrages gegen diese Intentionen, so kann sich ein solches, planungswidriges Verhalten der Gemeinde erst auf der Ebene der speziellen Rechtsgrundlagen des Energie-, Gemeindewirtschafts-, Straßen- oder auch Wettbewerbsrecht zur aktuellen und als solche zu korrigierenden Rechtsverletzung verdichten.

Andererseits bleibt aber festzustellen, daß eine Gemeinde, die ihre Energieversorgungspolitik bzw. ihr Verhältnis zu den Trägern der regionalen Energieversorgung im Rahmen dieser speziellen Rechtsgrundlagen ändern will, sich zur Rechtfertigung dessen nicht ohne weiteres auf Maßnahmen der Gebietsreform als solcher berufen darf. Soweit eine konkrete Ermessenskontrolle (im Rahmen jener vorgenannten, speziellen Rechtsgrundlagen) in Betracht kommt, muß sich die betreffende Gemeinde auch der Frage nach der planungspolitischen Zielkonformität ihrer Folgenpolitik stellen; gegebenenfalls muß die Gemeinde dartun, daß die von ihr verfolgte neue oder veränderte Energieversorgungspolitik die Funktionsfähigkeit der bisherigen Organisation örtlicher Energieversorgung nicht beeinträchtigt, sondern verbessert.

---

[53] Zum Grundrechtsschutz der regionalen Energieversorgungsunternehmen s. noch unten VII.

IV. Gemeindliche und regionale Energieversorgung unter der Garantie der kommunalen Selbstverwaltung und unter dem Energiewirtschaftsgesetz

1. Energieversorgung und gemeindliche Selbstverwaltung

Im Zentrum der Garantie der kommunalen Selbstverwaltung aus Art. 28 II GG (und entsprechend den Landesverfassungsordnungen) steht das gemeindliche Mandat der *Daseinsvorsorge*. Die Daseinsvorsorge prägt das klassisch-traditionelle Bild der kommunalen Selbstverwaltung; sie hat seit jeher den wesens- und typusbestimmenden Funktionskern der gemeindlichen Selbstverwaltung gebildet; sie fällt damit — gegenständlich verkörpert vor allem durch die gemeindlichen öffentlichen Einrichtungen[1] und die gemeindliche Wirtschaftsbetätigung, soweit diese entsprechende Versorgungszwecke erfüllt[2] — prinzipiell unter den verfassungsrechtlich geschützten Wesensgehalt der kommunalen Selbstverwaltung[3]. Andererseits liegt hierin freilich keine statische oder gar unverrückbare Gewährleistung zugunsten der Gemeinden. So wie die gemeindliche Selbstverwaltung funktionell durchaus dynamisch und damit auch funktionsvariabel ist[4], so ist auch der Funktionssektor der gemeindlichen Daseinsvorsorge stets unter dem Vorbehalt seiner *präsent-typischen*, d. h. augenblicklich wesensbestimmenden Funktionalität zu sehen[5]. Liegt hierin ein erster differenzierender Vorbehalt, so besteht ein zweiter darin, daß die funktionelle Zugehörigkeit einer bestimmten Aufgabe zur gemeindlichen Selbstverwaltung bzw. zu deren Wesensgehalt noch nichts über deren *konkrete Kompetenzausübung* aussagt. Funktionelle Zugehörigkeit zur kommunalen Selbstverwaltung

---

[1] Zu deren Status vgl. bereits R. Scholz, Gemeindliche öffentliche Einrichtungen, bes. S. 85 ff., 195 ff.

[2] Zum Status der Gemeindewirtschaft s. im übrigen noch unten sub V.

[3] Vgl. BayVerfGH, VGHE n. F. 10 II, 113 (120 ff.); R. Scholz, Gemeindliche öffentliche Einrichtungen, S. 89 ff., 98; ders., DÖV 76, 441 ff.; Stern - Püttner, Die Gemeindewirtschaft, 1965, S. 150 ff.; Stern - Burmeister, Die kommunalen Sparkassen, 1972, S. 58 ff.; Stern, AfK 64, 82 (87); Kimminich, Verfassungsrechtliche Probleme einer Neuregelung der vertraglichen Grundlagen für die örtliche Energieversorgung, 1974, S. 19 ff.; Köttgen, Die Gemeinde und der Bundesgesetzgeber, 1957, S. 48; *a. A.* Fischerhof, DÖV 57, 305 (314 ff.); 60, 41 ff.; Emmerich, Die kommunalen Versorgungsunternehmen zwischen Wirtschaft und Verwaltung, S. 12 ff.

[4] Vgl. näher hierzu bes. Stern, AfK 64, 94 ff.; R. Scholz, ZHR 137, 185 (187).

[5] Vgl. bereits R. Scholz, ZHR 137, 187.

bedeutet nur *Garantie der Kompetenz als solcher;* in welchen rechtlichen und tatsächlichen Formen diese ausgeübt bzw. wahrgenommen wird, liegt prinzipiell in der gemeindlichen Entscheidungsmacht bzw. in der — gleichfalls selbstverwaltungsgarantierten — Hoheit der Gemeinden, über ihre organisatorischen und verfahrensmäßigen Verwaltungsformen und über ihre rechtlichen Gestaltungsformen beim konkreten Einsatz der eigenen sächlichen und personellen Verwaltungssubstrate selbst zu bestimmen[6]. Aus diesem Grunde sind die Gemeinden auch berechtigt, nach eigenem Ermessen sich der Rechtsformen des öffentlichen wie des privaten Rechts zu bedienen (*Prinzip der organisations- und verfahrensrechtlichen Formenfreiheit*)[7]. Ein dritter differenzierender Vorbehalt liegt schließlich darin, daß die Funktions- und Wesensgehaltsgarantien der kommunalen Selbstverwaltung sich nicht gegen die Gesellschaft bzw. gegen Private, sondern gegen den Staat richten. Das bedeutet weiterhin, daß das Argument gesellschaftlich-privaten Engagements in einem auch kommunalen Funktionsbereich an der Feststellung einer kommunalen Funktions- und Wesensgehaltsgarantie nichts ändert[8]. Ein gesellschaftlich-privates Engagement dieser Art kann nur mittelbar, d. h. in der Weise für die gemeindlichen Funktionshoheiten bedeutsam werden, daß sich anhand der Breite dieses Engagements eben auch die Grenzen der kommunalen Funktionshoheit im Verhältnis zur Gesellschaft (nicht aber zum Staat!) bestimmen.

Im Rahmen der gemeindlichen Funktionsgarantie auf dem Gebiet der Daseinsvorsorge im allgemeinen spielt die *gemeindliche Energieversorgung* wiederum eine besondere Rolle. Auch sie fällt demgemäß in den prinzipiellen Kernbereich der gemeindlichen Selbstverwaltung[9]. Im Einklang mit dem vorstehend Gesagten ist jedoch auch hier zu differenzieren. Die gemeindliche Energieversorgung hat stets neben der privatwirtschaftlichen Energieversorgung gestanden; mit dieser verband sie seit jeher ein enger Verbund. Die Kooperation von gemeindlicher und privater Energieversorgung — wesentlich in Gestalt der regionalen gemischt-wirtschaftlichen Unternehmen — gehört, wie gezeigt, zu den tragenden Essentialia der deutschen Energieversorgung insgesamt[10].

---

[6] Vgl. näher hierzu sowie m. w. Nachw. R. Scholz, Gemeindliche öffentliche Einrichtungen, S. 91 ff.

[7] Vgl. näher und m. w. Nachw. dazu bereits R. Scholz, Gemeindliche öffentliche Einrichtungen, S. 22 ff.

[8] Anders, aber zu Unrecht Emmerich, Die kommunalen Versorgungsunternehmen zwischen Wirtschaft und Verwaltung, S. 22 ff., 29 ff.

[9] Vgl. Stern, Die verfassungsrechtliche Position der kommunalen Gebietskörperschaften in der Elektrizitätsversorgung, 1966, S. 30 ff., 33 ff.; ders., AfK 64, 94 ff., 101; Stern - Püttner, Gemeindewirtschaft, S. 160 ff.; Püttner, Das Recht der kommunalen Energieversorgung, 1967, S. 16, 26 ff.; R. Scholz, DÖV 76, 448 f.

1. Energieversorgung und gemeindliche Selbstverwaltung

Kompetenziell gehört die Energieversorgung also mit zum Kernbereich der gemeindlichen Selbstverwaltung — unabhängig davon, daß zwischen *Energieerzeugung* und *Energieverteilung* noch konkreter differenziert werden könnte[11]. In der Kompetenzausübung finden sich unterschiedliche Selbstverwaltungsformen. Vor allem dann, wenn sich die Gemeinde in Gestalt gemischt-wirtschaftlicher Unternehmen an der regionalen Energieversorgung beteiligt, betreibt sie, wie gezeigt, materielle Privatwirtschaft, agiert ungeachtet dessen aber doch auf dem Boden und in Ausübung ihrer spezifisch energiewirtschaftlichen bzw. daseinsvorsorgerischen Selbstverwaltungskompetenz. Die entgegengesetzte These Emmerichs[12], derzufolge die gemeindliche Energieversorgung allein Wirtschaftsbetätigung und angeblich „keine Verwaltung" sei, trifft nicht zu[13]; denn auch als privatwirtschaftliche Betätigung bleibt die gemeindliche Energieversorgung doch Bestandteil der gemeindlichen Selbstverwaltung. Emmerich übersieht in diesem Zusammenhang, daß die gemeindliche Selbstverwaltung schon institutionell auch die privatwirtschaftlichen und privatrechtlichen Agenden der Gemeinde mitumfaßt; dies jedenfalls soweit und solange, wie die konkret wahrgenommenen Zuständigkeiten sich funktionell im Rahmen der kommunalen Selbstverwaltung bewegen; und dies ist im Bereich der Energieversorgung als daseinsvorsorgerischer Grundzuständigkeit unzweifelhaft der Fall.

Den Gemeinden steht eine selbstverwaltungsrechtlich gesicherte Energieversorgungskompetenz somit zu. Wie die einzelne Gemeinde diese aber ausübt, steht in ihrem Ermessen. In Verfolg dessen ergeben sich für die *gemeindliche Kompetenzausübung* auf dem Gebiet der Energieversorgung *folgende Variationsmöglichkeiten*:

(1) das öffentlich-rechtlich organisierte Eigenunternehmen (öffentliche Einrichtung der Gemeinde);

(2) das privatrechtlich organisierte Eigenunternehmen der Gemeinde;

(3) das privatrechtlich organisierte, privatwirtschaftlich agierende, gemischt-wirtschaftliche Unternehmen, d. h. dasjenige Energieversorgungsunternehmen, an dem die Gemeinde lediglich eine Beteiligung hält;

---

[10] Vgl. näher hierzu Gröner, Die Ordnung der deutschen Elektrizitätswirtschaft, 1975, S. 46 ff., 73 ff.; Püttner, Recht der kommunalen Energieversorgung, S. 11 ff., 53 ff.; Emmerich, Die kommunalen Versorgungsunternehmen zwischen Wirtschaft und Verwaltung, S. 9 ff.; R. Scholz, DÖV 76, 448 f.; s. auch Stern, Verfassungsrechtliche Position, S. 5 ff.

[11] Vgl. hierzu Stern, Verfassungsrechtliche Position, S. 30 ff.; auch R. Scholz, ZHR 137, 187.

[12] Vgl. die kommunalen Versorgungsunternehmen zwischen Wirtschaft und Verwaltung, S. 55 ff., 62.

[13] Zur Kritik vgl. auch schon R. Scholz, ZHR 137, 187 ff.

(4) das gemischt-wirtschaftliche Unternehmen mit dem Status des beliehenen und damit öffentlich-rechtlichen Energieversorgungsunternehmens — ebenso wie das Energieversorgungsunternehmen zu (1) eine gemeindliche öffentliche Einrichtung;

(5) die letzte Variante besteht schließlich darin, daß die Gemeinde ihre Aufgabe, die Energieversorgung ihrer Einwohner zu sichern, lediglich in der Weise erfüllt, daß sie kein eigenes Energieversorgungsunternehmen einrichtet und auch keine Beteiligung an einem gemischtwirtschaftlichen Energieversorgungsunternehmen übernimmt, sondern die Energieversorgung einem privaten (regionalen) Energieversorgungsunternehmen zu bestimmten — in A- und/oder B-Verträgen ausgehandelten Bedingungen — überläßt. Auch hier hat die Gemeinde, wie bereits gezeigt, ihre Kompetenz zur Energieversorgung wahrgenommen; sie hat lediglich auf die eigene (unternehmens- bzw. verwaltungsunmittelbare) Kompetenzausübung, d. h. die Errichtung eines eigenen Energieversorgungsunternehmens, verzichtet.

Rechtlich sind die Varianten (1) - (4) geläufig; lediglich die Variante (5) wird in ihrem durchaus vergleichbaren bzw. kompetenzrechtlich sogar identischen Sinngehalt meist übersehen. Auch selbstverwaltungsrechtlich bestehen zwischen sämtlichen dargestellten Kompetenzausübungsvarianten keine Unterschiede. In der Praxis dominieren die Varianten (2), (3) und (5).

2. Zielsetzungen des Energiewirtschaftsgesetzes und reale Folgen der Gebietsreform

Die gemeindliche wie die private (regionale) Energieversorgung unterstehen als Unternehmen der „öffentlichen Energieversorgung" (§ 2 II EnWG) gleichermaßen den Vorschriften des EnWG[14]. Diese Bindung auch der kommunalen Energieversorgung an das staatliche Energiewirtschaftsrecht liegt im Rahmen des Gesetzesvorbehalts aus Art. 28 II GG, ist grundsätzlich also verfassungskonform[15]. Die Zielsetzung des Energiewirtschaftsrechts umschreibt in nach wie vor gültiger Weise die Präambel zum EnWG mit den Grundsätzen vom „Zusammenwirken aller beteiligten Kräfte der Wirtschaft und der öffentlichen Gebietskörperschaften", vom „zweckmäßigen Ausgleich durch Verbundwirtschaft" und von der „einheitlichen" sowie „so sicheren und billigen" Energieversorgung „wie möglich". Entsprechend fordert z. B. § 1 II des Entwur-

---

[14] Zur dogmatischen Struktur dieser identischen Rechtsbindung vgl. bereits R. Scholz, Gemeindliche öffentliche Einrichtungen, S. 152 ff.

[15] Zu verfassungsrechtlichen Konflikten zwischen Energiewirtschafts- und Gemeinderecht vgl. Püttner, Recht der kommunalen Energieversorgung, S. 44 ff.; R. Scholz, Gemeindliche öffentliche Einrichtungen, S. 153 ff.

2. Zielsetzungen und reale Folgen

fes zu einem neuen Energieversorgungsgesetz, die „Möglichkeiten... der unternehmerischen Zusammenarbeit zu nutzen"[16]. Zur Erreichung dieser Zielsetzungen stellt das EnWG ein ganzes Arsenal von Eingriffs- und Steuerungsmitteln für die zuständigen staatlichen Energieaufsichtsbehörden bereit. Von besonderer Bedeutung ist in diesem Zusammenhang zunächst die Bestimmung des § 4 II EnWG, derzufolge Bau, Erneuerung, Erweiterung wie Stillegung der Energieanlagen von Energieversorgungsunternehmen beanstandet und untersagt werden dürfen. Nach dieser Regelung können auch gemeindliche Maßnahmen untersagt werden, die nach der Gebietsreform z. B. zur Stillegung von funktionsfähigen Energieanlagen eines regionalen Energieversorgungsunternehmens bzw. zu dessen Ablösung durch nicht vergleichbare funktionsfähige (leistungsstarke, versorgungsgerechte) Einrichtungen anderer Versorgungsträger, die der Gemeinden selbst eingeschlossen, führen.

Die Ratio dieser *„Investitionsaufsicht"*[17] liegt in der Verhinderung überflüssiger und volks- oder energiewirtschaftlich schädlicher bzw. unzweckmäßiger Investitionen[18]. Ergänzt wird diese Kompetenz der Energieaufsicht durch die allgemeine *Zulassungsaufsicht* gem. § 5 EnWG und durch das Instrumentarium des § 8 EnWG[19]; aus dem speziellen Zusammenhang der Regelungen des § 4 und des § 8 EnWG folgt u. a. auch das Recht der Energieaufsicht, nach dem Ablauf bzw. bei Nicht-Verlängerung von Konzessionsverträgen das bisher zuständige Energieversorgungsunternehmen (oder auch ein drittes Energieversorgungsunternehmen) in die nunmehr offene Versorgungszuständigkeit einzuweisen[20]. Diese Grundsätze erfassen auch die hiesige Problemstellung. Im Rahmen der energierechtlichen Investitionsaufsicht können sowohl unmittelbare Verstöße gegen die versorgungspolitischen Zielsetzungen des EnWG als auch mittelbare Verstöße gegen die, im Ziel der Sicherung einer funktionsfähigen Energieversorgung gegebenenfalls parallele Gebietsreform[21] geahndet werden: Jeder diesbezügliche Verstoß einer Gemeinde kann von den betroffenen Trägern der regionalen Energieversorgung gegenüber der Energieaufsicht gerügt werden.

Die Energieaufsicht hat allerdings keine Möglichkeit, auf den Abschluß, die Kündigung oder eine unterlassene Verlängerung von A- und

---

[16] Vgl. Entwurfsfassung vom 30. 5. 1973.
[17] Evers, Das Recht der Energieversorgung, 1974, S. 90 ff.
[18] Vgl. Eiser - Riederer - Obernolte, Energiewirtschaftsrecht, § 4 EnWG I Erl. 4.
[19] Vgl. hierzu bereits R. Scholz, Gemeindliche öffentliche Einrichtungen, S. 153; i. S. einer partiellen Unvereinbarkeit des § 8 EnWG mit Art. 28 II GG s. allerdings auch Püttner, Recht der kommunalen Energieversorgung, S. 50 f.
[20] Vgl. Eiser - Riederer - Obernolte, Energiewirtschaftsrecht, § 4 EnWG I Erl. 5 a δ.
[21] s. oben sub III 4, 5.

B-Verträgen durch kommunale Gebietskörperschaften als solche Einfluß auszuüben. Denn dieses Vertragsrecht wurzelt im Konzessionsvertragsrecht sowie im wegerechtlichen Eigentum der Gemeinden. Andererseits kommen Aufsichtsmaßnahmen nach § 4 II EnWG aber gegenüber den Folgen in Betracht, die z. B. auf einen nicht verlängerten Konzessionsvertrag folgen (Neubau von Energieanlagen, Stillegung der bisherigen Energieanlagen etc.). Maßnahmen nach § 4 II EnWG kommen gegenüber allen versorgungspolitisch schädlichen Fehl- und Doppelinvestitionen in Betracht; und solche Investitionsfehler können auch aus dem Zusammenhang mit der Ausübung von Übernahmerechten gemäß konzessionsvertraglicher Übernahmeklauseln resultieren[22]. Auch insoweit geht es aber nicht um eine Beeinflussung der konzessionsvertraglichen Autonomie als solcher, sondern allein um die Einflußnahme auf bestimmte Folgen dieser Autonomie.

Die als Nah- wie Fernfolgen der Gebietsreform zu befürchtenden Konsequenzen liegen aus energie- bzw. versorgungpolitischer Sicht nicht nur in der Gefahr derartiger Fehl- oder Doppelinvestitionen, sondern auch in der Gefahr, daß einheitliche und ausgewogene Versorgungsverhältnisse verlorengehen, wie sie der regionale Verbund gewährleistete; und zwar zugunsten unausgewogener, sozialpolitisch nicht wünschbarer Versorgungslagen, wie z. B. strukturpolitisch bedingter Preisgefälle zwischen städtischen und ländlichen Versorgungszonen. Der Vorzug der regionalen Energieversorgung bestand und besteht gerade darin, solchen Gefahren mittels konzentrierter und trans- wie interkommunaler Versorgungsnetze begegnet zu sein bzw. zu begegnen. Die Gefahr gegenläufiger Entwicklungen droht zumindest und jedenfalls dann, wenn durch die Gebietsreform veränderte, namentlich vergrößerte Kommunen (wieder) den Weg zur örtlich eigenständigen, regionale Verbundwirtschaften also sprengenden Energieversorgung suchen sollten[23]. Gefahren dieser Art widerstreiten den Zielsetzungen des EnWG, ebenso wie sie sich in aller Regel in Gegensatz zu den Zielen der Gebietsreform setzen dürften. Dennoch bietet das EnWG nur die (begrenzten) Abwehrmittel des § 4 II EnWG.

Mit Brauksiepe[24] ist an die betreffenden Gemeinden zwar der Appell zu richten, bei der Kündigung bzw. Nichtverlängerung von Konzessionsverträgen nach oder aufgrund der Gebietsreform auf die Gebote einer wirtschaftlich und sozial effizienten, technisch und räumlich funktionsfähigen Energieversorgung Rücksicht zu nehmen[25]. Aus der Sicht

---

[22] Vgl. Quack, AöR 91, 361.
[23] Zu Gefahren dieser Art s. z. B. Evers, Recht der Energieversorgung, S. 164; s. auch Brauksiepe, Versorgungswirtschaft und kommunale Neuordnung, S. 55 ff.
[24] Vgl. S. 55 ff.
[25] s. auch Quack, AöR 91, 360 ff.

2. Zielsetzungen und reale Folgen

des EnWG muß es jedoch und prinzipiell bei einem derartigen Appell an eine entsprechend sachgerechte Ermessensausübung bleiben. Die Energieaufsicht verfügt nicht über die Befugnis, bereits die Konzessionsverträge der Gemeinden selbst zu beeinflussen.

Der Grund hierfür liegt in der fehlenden Kompetenz der Energieaufsicht. Sie steht außerhalb der gemeindlichen wie staatlichen Raumplanung, kann auf diese also ebensowenig Einfluß nehmen wie jene umgekehrt auf sie Einfluß nehmen kann. Im Schrifttum sind zwar teilweise gegenteilige Begründungsversuche unternommen worden[26]. So ist z. B. geltend gemacht worden, daß die Energieaufsicht im Rahmen der „Gemeinwohl"-Klausel des § 4 II EnWG auch Ziele der Raumordnung oder der Landesplanung mit zu berücksichtigen habe[27]. Tatsächlich sind Auslegungen dieser oder ähnlicher Art jedoch nicht zu halten. Sie überfrachten den unbestimmten Gesetzesbegriff des „Gemeinwohls" im Sinne des § 4 II EnWG mit Zielsetzungen, die von vornherein außerhalb des EnWG liegen und diesem daher auch nicht im Rahmen der Gesetzesvollziehung imputiert werden dürfen[28]. Eine solche Rechtspraxis wäre gesetzes- sowie im weiteren, namentlich wegen Verstoßes gegen das rechtsstaatliche Bestimmtheitsgebot, auch verfassungswidrig[29]. Das EnWG verfolgt allein den Zweck der Sicherung der Energieversorgung; raumplanerische Zwecke sind ihm unbekannt. Wenn energiewirtschaftliche und raumplanerische Zielsetzungen — etwa entgegen der Zielformel des § 2 I Nr. 1 ROG — miteinander in Gegensatz treten, so bedarf es zwar der rechtlichen Kollisionslösung. Diese kann jedoch nicht zu Lasten der Energieversorgung ausfallen. Denn das Schutzgut der Energieversorgung ist speziellerer Qualität. Die Schutzgüter von Raumordnung, Landesplanung und Gebietsreform besitzen ihm gegenüber keinen Vorrang; sie sind vielmehr mit in den Dienst einer funktionsfähigen und sozialstaatlich gerechten Daseinsvorsorge gestellt[30]. Die Durchsetzung dieses materiell-rechtlichen Ergebnisses liegt indessen nicht in der Kompetenz der Energieaufsicht. Diese kann selbst eindeutig versorgungsschädliche Raumordnungs- oder Planungsakte nicht ihrerseits verhindern; denn hierzu fehlt ihr die spezifisch raumordnungs- bzw. planungs- oder gemeinderechtliche (Aufsichts-)Kompetenz[31].

---

[26] s. zum Ganzen ausführlich Ladewig, Energieversorgungsunternehmen in der Raumordnung, S. 36 ff.
[27] Vgl. z. B. Halstenberg, Das Gas- und Wasserfach/Abt. Gas 1966, 1 ff.
[28] Vgl. richtig Ladewig, S. 38 ff., 51 ff., 56 ff.; Börner, Ermessen und Energiewirtschaftsgesetz, 1965, S. 9 ff.
[29] Vgl. richtig Ladewig, S. 56 ff.
[30] Vgl. auch Ladewig, S. 117; s. im übrigen bereits oben III 4.
[31] Im einzelnen ergeben sich hiernach keine Unterschiede zwischen Raumordnungsgesetzgebung, Landesplanungsgesetzgebung und Gemeinderecht (ein-

Zusammenfassend ist folglich festzustellen, daß das EnWG nur beschränkte Möglichkeiten bietet, energiewirtschaftlich sachfremde bzw. versorgungspolitisch schädliche Folgen der Gebietsreform abzuwehren.

3. Zum Erfordernis rechtspolitischer Weiterentwicklung

An die vorstehende Feststellung schließt sich mit Notwendigkeit die rechtspolitische Forderung nach einer entsprechenden Weiterentwicklung der Steuerungsmechanismen des Energierechts an. Im Angesicht der kommunalen Gebietsreform und ihrer — aktuellen wie potentiellen — Folgen mit energiewirtschaftlicher Schädlichkeit sollte in das EnWG bzw. in das neu zu verabschiedende Energieversorgungsgesetz eine Regelung aufgenommen werden, die adäquate Abwehrreaktionen bereits im Vorfeld der Reaktionsmöglichkeiten des derzeitigen § 4 II EnWG erlaubt.

Eine solche Regelung könnte in unterschiedliche Richtungen gehen:

(1) Konzessionsvertragliche *Übernahmeklauseln* könnten vor der Ausübung des Übernahmerechts durch die berechtigte Gemeinde einem *Genehmigungsvorbehalt* zugunsten der zuständigen Energieaufsicht unterstellt werden[32]. Ein solcher Genehmigungsvorbehalt beschränkte zwar die konzessionsvertragliche Entscheidungsfreiheit der Gemeinden. Angesichts des gerade (auch) selbstverwaltungsrechtlich so bedeutsamen Schutzgutes einer funktionierenden Energieversorgung und im Hinblick auf die instrumentell durchaus geläufige wie bewährte Erscheinung entsprechender Genehmigungsvorbehalte im Verhältnis von gemeindlicher Selbstverwaltung und staatlichen Gesetzgebungen mit kommunalpolitisch relevantem Funktionseinschlag[33] wären gegen die Einführung eines solchen Genehmigungsvorbehalts aber weder (verfassungs-)rechtliche noch (kommunal-)politische Einwände zu erheben.

(2) Die zweite Möglichkeit bestünde in einer Befugnis der zuständigen Energieaufsicht, den *Abschluß*, die *Verlängerung* oder auch die (or-

---

geschlossen die gemeindliche Planungshoheit); vgl. richtig hierzu und näher Ladewig, S. 88 ff., 100 ff., 112 ff., 117 ff.

[32] Auch § 21 des Entwurfs zum Energieversorgungsgesetz i. d. F. vom 30. 5. 1973 sieht eine Erstreckung der Energieaufsicht bereits auf die Konzessionsverträge vor, beschränkt sich allerdings auf die Regelung der „Zulässigkeit und Bemessung von Entgelten und Gebühren". Hinter dieser Regelung steht eine der maßgebenden Zielsetzungen des Entwurfs: nämlich „der Billigkeit der Energieversorgung den Vorrang vor der Ausübung der kommunalen Wegemonopole zu geben" (Emmerich, BB 73, 1269 [1273]). Insgesamt reicht diese mehr finanzpolitische Kontrolle des Konzessionsvertragswesens jedoch noch nicht aus.

[33] Vgl. näher hierzu und m. w. Nachw. u. a. K. Müller, VerwArch 54, 170 ff.; Salzwedel, AfK 62, 203 (205 ff.); W. Weber, in: Aktuelle Probleme der Kommunalaufsicht, 1963, S. 17 (24 ff.); R. Scholz, Gemeindliche öffentliche Einrichtungen, S. 181 ff.

dentliche) *Kündigung von Konzessionsverträgen* durch verbindliche Aufsichtsverfügung bei entsprechendem versorgungspolitischen Erfordernis erzwingen zu können. Eine solche Befugnis implizierte aus der Sicht der Selbstverwaltungsgarantie des Art. 28 II GG freilich einen ungleich intensiveren Eingriff in die gemeindliche Autonomie als die zu (1) vorgeschlagene Lösung. Ohne folgerichtig an verfassungsrechtlichen Einwänden zu scheitern, bedürfte es insoweit der notwendigen Beschränkung auf akute oder evidente Mißbrauchsfälle auf seiten der Gemeinde.

(3) Als rechtspolitisch sinnvoll kann sich weiterhin eine Regelung nach der Art des § 4 Entwurf zum Energieversorgungsgesetz i. d. F. vom 30. 5. 1973 erweisen. Nach dieser Bestimmung hat „ein Energieversorgungsunternehmen, das die Versorgung in einem von ihm bisher nicht versorgten Gebiet oder die Versorgung eines anderen Energieversorgungsunternehmens aufnehmen will, ... dies der zuständigen Behörde anzuzeigen" (Abs. 1). Diese kann die geplante „Ausdehnung der Versorgungstätigkeit ... beanstanden und ... untersagen" (Abs. 2).

Eine Regelung dieser Art kennt das geltende Recht bisher nicht. Dieses habe sich jedoch gerade insofern, wie die Entwurfsbegründung einräumt, als lückenhaft erwiesen. Denn die Ausdehnung der Versorgungstätigkeit eines Energieversorgungsunternehmens werfe zweierlei strukturelle Grundprobleme auf: Einmal sei zu befürchten, daß „die angestrebte wettbewerbsfreundliche Struktur der Energieversorgungswirtschaft" durch die Bildung „‚überstarker' Marktpositionen Schaden nehme"; zum anderen könne die Ausdehnung der Versorgungstätigkeit „im Ergebnis darauf hinauslaufen, daß wenig leistungsfähige Energieversorgungsunternehmen — etwa kleine Ortsverteiler — ihre Tätigkeit zu Lasten leistungsfähigerer Regionalunternehmen ausdehnen mit der Folge, daß ein solcher Ortsverteiler nicht wesentlich gestärkt, ein von mehreren Fällen dieser Art betroffenes Regionalunternehmen aber erheblich geschwächt werden würde *(denkbar z. B. im Zuge der Gebietsreform)*"[34]. Der Reformgesetzgeber erkennt an dieser Stelle unmittelbar die hiesige Problematik und sucht ihr mit einem einigermaßen geeigneten Mittel zu begegnen. Mit Recht führt die Entwurfsbegründung weiter aus, daß „das Beanstandungsrecht dem energiewirtschaftlichen Aspekt einer jederzeit ‚ausreichenden, preiswürdigen und sicheren Energieversorgung' Vorrang auch vor dem Gesichtspunkt einer ungehinderten Ausnutzung des gemeindlichen Wegemonopols" gebe. „Die rechtliche Möglichkeit, die Gemeinde zu einer Konzessionsvereinbarung mit einem anderem als dem von ihr primär gewünschten Partner zu zwingen (Zwangsvertrag), liege darin aber nicht. Das Eingriffsrecht der Behörde beschränke sich darauf, einem von der Gemeinde beabsichtigten Konzessionsvertrag — allerdings auch wiederholt — zu widersprechen".

---

[34] Hervorhebung vom Verf.

Der Entwurfsgeber sucht demgemäß nach einer, den Gemeinden gegenüber weniger einschneidenden Lösung als die hier zu (2) empfohlene. Indessen erscheint diese Lösung aus der Sicht des vorrangigen Schutzguts der Sicherung der Energieversorgung nicht vergleichbar geeignet zu sein. Denn wenn die Aufsichtsbehörde nur bestimmten, von der Gemeinde beabsichtigten Konzessionsverträgen, wenngleich auch wiederholt, widersprechen darf, ohne selbst aktiv auf die Vertragspartnerwahl Einfluß nehmen zu dürfen, so können — bei entsprechender Beharrlichkeit einer Gemeinde — evidente und unvertretbare Gefährdungen der Energieversorgung auftreten — Gefährdungen, denen die Energieaufsicht zumindest mit *einstweiligen Maßnahmen* nach Art der Vorschläge zu (2) entgegenzutreten berechtigt werden sollte.

Gegen die Verfassungsmäßigkeit der Regelung des § 4 des Entwurfs zum Energieversorgungsgesetz hat hingegen Kimminich unter Berufung auf die Selbstverwaltungsgarantie des Art. 28 II GG Einwendungen erhoben[35]. Diese Bedenken überzeugen jedoch nicht. Denn Eingriffsbefugnisse nach Art des § 4 des Entwurfs berühren die gemeindliche Energieversorgungskompetenz als solche keineswegs. Sie fordern lediglich, daß die Gemeinde ihre diesbezügliche Wirtschaftskompetenz in einer Weise ausübt (erfüllt), daß den Grundsätzen sowohl des Art. 28 II GG und des (übrigen) Gemeinderechts[36] als auch des Energieversorgungsrechts genügt wird. Wie bereits die Darlegungen oben zum gemischt-wirtschaftlichen Unternehmen und zur gemeindlichen Beteiligung an der regionalen Energieversorgung gezeigt haben und wie im weiteren die Darlegungen zum Gemeindewirtschaftsrecht zeigen werden, verfügt die Gemeinde auch angesichts derart intensiver Aufsichtsmittel über genügend Spielraum zur ebenso eigenverantwortlichen wie gesetzeskonformen Funktionsentfaltung.

Dies scheint im übrigen auch Kimminich zu spüren, wenn er sein verfassungsrechtliches Verdikt im Grunde mehr auf eine Annahme anderer Art zu stützen sucht: die Erwartung nämlich, daß die regionalen Energieversorgungsunternehmen im Wissen um die sie schützende Eingriffsnorm des § 4 des Entwurfs zum Energieversorgungsgesetz den Gemeinden künftig keine Konzessionsabgaben mehr anbieten würden. Gestützt auf diese Annahme vermutet Kimminich hinter der Regelung des § 4 eine „rechtsstaatswidrige", weil angeblich „heimliche Abschaffung der Konzessionsverträge"[37]. Dieser Argumentation und der ihr zugrunde liegenden Vermutung ist indessen entschieden zu widersprechen.

---

[35] Vgl. Verfassungsrechtliche Probleme einer Neuregelung der vertraglichen Grundlagen für die örtliche Energieversorgung, S. 64 ff.

[36] Vgl. hier gerade das Gemeindewirtschaftsrecht; zu ihm s. näher anschließend sub V.

[37] Vgl. Verfassungsrechtliche Probleme, S. 69.

3. Zum Erfordernis rechtspolitischer Weiterentwicklung

Schon im Tatsächlichen trügt die Erwartung Kimminichs, daß die regionalen Energieversorgungsunternehmen den Gemeinden künftig keine Konzessionsabgaben mehr offerieren würden. Für diese Erwartung besteht weder irgendein Anhalt noch wirklich rechtlich gesicherte Aussicht. Denn § 4 des Entwurfs zum Energieversorgungsgesetz verpflichtet die Gemeinden gerade nicht zum Zwangsabschluß; er befreit die regionalen Energieversorgungsunternehmen nicht von ihrer Abgabenpflicht, und er beläßt den Gemeinden das Recht, sich im gleichen Rahmen wie bisher entsprechende Abgaben auszubedingen. Eine Verfassungswidrigkeit des § 4 des Entwurfs zum Energieversorgungsgesetz läßt sich folglich auch insofern nicht erkennen.

Kompetenzrechtlich wäre der Bundesgesetzgeber im Rahmen seiner Gesetzgebungszuständigkeit für das „Recht der Wirtschaft" aus Art. 74 Nr. 11 GG[38], die auch das Energiewirtschaftsrecht umfaßt, zum Erlaß von Regelungen der vorgenannten Art berechtigt. Der Bund griffe damit nicht in die landesrechtliche Gesetzgebungszuständigkeit für das Kommunalrecht bzw. für die kommunale Gebietsreform[39] ein. Denn der thematische Regelungsschwerpunkt einer solchen Bundesgesetzgebung läge eindeutig im Energiewirtschaftsrecht und nicht im Kommunalrecht, selbst wenn es rechtspolitisch um die Abwehr von energiewirtschaftlichen Fehlentwicklungen ginge, die ihrerseits durch die landesrechtlichen Territorialreformen ausgelöst oder ermöglicht worden wären.

(3) In landesrechtlicher Hinsicht wäre schließlich an die Einführung einer materiell-kommunalrechtlichen Regelung zu denken, die in die Gemeindeordnungen, Gebietsreformgesetze etc. aufgenommen werden würde und die die Gemeinden nicht nur zur sächlichen Auseinandersetzung, sondern auch zur *Schonung oder Erhaltung intakter Funktionsstrukturen gerade im Versorgungsbereich* verpflichtete (funktionelle Konkretisierung der allgemeinen Regelung zur Rechts- und Pflichtennachfolge). Instrumentell könnte auch insoweit an den Einbau von speziellen Aufsichtsvorbehalten (insbesondere Genehmigungsvorbehalten) — hier zugunsten der allgemeinen Kommunalaufsicht — gedacht werden[40].

---

[38] Zu deren recht extensiver Auslegung durch das Bundesverfassungsgericht s. z. B. BVerfGE 8, 143 (148 f.); 26, 246 (254); 28, 119 (146); 29, 402 (409); vgl. dazu auch R. Scholz, in: Bundesverfassungsgericht und Grundgesetz, II, S. 252 (257 ff.); zum Verhältnis von Art. 74 Nr. 11 GG und Art. 28 II GG bzw. der landesrechtlichen Gesetzgebungskompetenz für das Kommunalrecht s. allgemein auch bereits R. Scholz, Gemeindliche öffentliche Einrichtungen, S. 143 ff., speziell für das Energiewirtschaftsrecht, vgl. S. 152 ff.
[39] Zu dieser Zuständigkeit s. oben III 3.
[40] Zu inhaltlich entsprechenden Zusammenhängen zwischen EnWG und ROG vgl. bereits Evers, Recht der Energieversorgung, S. 94 ff.

V. Regionale Energieversorgung und Gemeindewirtschaftsrecht

Neben dem Recht der Gebietsreform und dem Energiewirtschaftsrecht erweisen sich als nächsteinschlägige Rechtsgrundlagen für das Verhältnis von Gemeinden und regionaler Energieversorgung das allgemeine Gemeindewirtschaftsrecht sowie das hinter diesem stehende Wirtschaftsverfassungsrecht. Im einzelnen wurde dies bereits anhand des empirischen Befundes der Kooperation von privaten und gemeindlichen Versorgungsträgern (gemischt-wirtschaftliche Unternehmen) und zum anderen an den Garantien wie Grenzen gemeindlicher Zuständigkeiten im Energieversorgungsrecht deutlich.

Im einzelnen geht es um das gemeinde- und wirtschaftsverfassungsrechtliche Verhältnis von kommunaler und privater Wirtschaftsbetätigung bzw. um die Grenzen legitimer gemeindlicher Wirtschaftsbetätigung. Als potentielle Konsequenzen der Gebietsreform hatten sich die folgenden Entwicklungsmöglichkeiten offenbart:

(1) Die kommunale Gebietskörperschaft übernimmt regionale (private) Energieversorgungsanlagen und verdrängt damit regionale Energieversorgungsunternehmen vom örtlichen Versorgungsmarkt.

(2) Die kommunale Gebietskörperschaft kündigt die Verträge mit bestimmten regionalen Energieversorgungsunternehmen und beauftragt andere — seien es eigene Unternehmen, seien es dritte Unternehmen — mit der örtlichen Energieversorgung.

Bei der wirtschaftsrechtlichen Beurteilung dieser Konstellationen sind zwei Aspekte zu unterscheiden: einmal die versorgungspolitisch-daseinsvorsorgerische Zielsetzung der Energieversorgung und zum anderen der konkurrenzwirtschaftliche Aspekt der wettbewerblichen Konstellation zwischen Gemeindewirtschaft und Privatwirtschaft.

1. Grundstrukturen der kommunalen Wirtschaftsordnung

Die Gemeinden sind seit jeher wirtschaftlich tätig, und zwar sowohl im Bereich unternehmerisch betriebener *Eigenwirtschaft* als auch im Bereich der *Wirtschaftsförderung*[1]. Die — Eigenwirtschaft und Wirt-

---

[1] Zur Entwicklung der Gemeindewirtschaft vgl. u. a. Stern - Püttner, Gemeindewirtschaft, S. 11 ff.; R. Scholz, Gemeindliche öffentliche Einrichtungen,

1. Grundstrukturen der kommunalen Wirtschaftsordnung

schaftsförderung begrifflich zusammenfassende — Gemeindewirtschaft gehört deshalb, wie gezeigt, zum Kernbereich der verfassungsrechtlich garantierten Selbstverwaltung (Art. 28 II GG). Kommunalverfassungsrechtlich sieht sich die Gemeindewirtschaft seit dem Ausgang des vergangenen Jahrhunderts bestimmten Funktions-, Verfahrens- und Organisationsprinzipien verpflichtet, die ihren reichseinheitlichen Abschluß in den Regelungen der §§ 67 ff. DGO von 1935 fanden, und über deren Nachfolgevorschriften im geltenden Gemeinderecht die Gemeindewirtschaft auch heute über ebenso konsistente wie kontinuitätsgerechte Strukturen verfügt[2]. Die gemeindliche Wirtschaftsbetätigung gehört hiernach ebenso zur kommunalen Selbstverwaltung wie zur allgemeinen Wirtschaft[3]. Die Gemeinden standen seit jeher im engen Miteinander mit der freien (privaten) Wirtschaftsgesellschaft; ihre wirtschaftsverfassungsrechtliche Position läßt sich m. a. W. nicht einseitig auf die Fragestellung einer Abwehr oder eines Schutzes der privaten Wirtschaft vor der gemeindlichen Konkurrenz o. ä. reduzieren. Diese für das staatliche Wirtschaftsverfassungsrecht ungleich evidentere Fragestellung hat für das kommunale Wirtschaftsverfassungsrecht nie vergleichbare Geltung besessen. Denn Privat- und Gemeindewirtschaft verkörperten niemals vergleichbar geschiedene Gegenpole konträrer Interessenrichtungen oder entsprechende Inhalte von vornherein divergent gedachter Ordnungs- und Leistungssysteme. Gemeinde- und Privatwirtschaft standen sich vielmehr und seit jeher im *Verhältnis gegenseitiger Ergänzung, wechselseitiger Substitution und vor allem institutioneller Kooperation* gegenüber. Die kommunale Wirtschaftsverfassung verstand sich in diesem Sinne — und versteht sich auch heute noch so — als ein *prinzipielles System vor allem kooperativer Wirtschaftsorganisation*[4]. Über diesen grundsätzlichen Befund dürfen ebensowenig gewisse Auswüchse eines frühen Munizipalsozialismus wie manche Fehlentwicklungen erwerbswirtschaftlich-fiskalischen Gemeindewettbewerbs hinwegtäuschen,

---

S. 57 ff.; zum traditionellen Bestand auch der gemeindlichen Wirtschaftsförderung vgl. Stern - Püttner, Gemeindewirtschaft, S. 7 f., 11 ff.; Köttgen, Der heutige Spielraum kommunaler Wirtschaftsförderung, 1963, S. 9 ff.; Möller, Kommunale Wirtschaftsförderung, 1963, S. 18 ff., 30 ff.; ders., Gemeindliche Subventionsverwaltung, 1963, S. 22 ff.; R. Scholz, Gemeindliche öffentliche Einrichtungen, S. 58; Linden, Theorie und Praxis der kommunalen Wirtschaftsförderung, 1972, S. 11 ff.

[2] Zur Entwicklung s. mit jeweils weiteren Nachweisen bes. Stern - Püttner, Gemeindewirtschaft, S. 102 ff.; Pagenkopf, Kommunalrecht, Bd. 2: Wirtschaftsrecht, 2. Aufl. 1976, S. 145 ff.; R. Scholz, Gemeindliche öffentliche Einrichtungen, S. 70 ff.

[3] Vgl. insoweit treffend auch den Titel der Schrift von Emmerich, „Die kommunalen Versorgungsunternehmen zwischen Wirtschaft und Verwaltung", 1970; s. auch schon Stern - Püttner, Gemeindewirtschaft, S. 54 ff.

[4] Vgl. R. Scholz, DÖV 76, 446 f.; zum Systemgedanken einer kooperativen Wirtschaftsorganisation im Wirtschaftsverfassungsrecht vgl. auch R. Scholz, Sieg-Festschrift, 1976, S. 507 (523 ff.) m. w. Nachw.

selbst wenn das geltende Gemeindewirtschaftsrecht auch insoweit die erforderlichen Barrieren und Kontrollmechanismen aufgebaut hat. Insgesamt ist das geltende Gemeindewirtschaftsrecht nicht nur als rechtlicher Abschluß einer gewachsenen Wirtschaftsentwicklung, sondern auch — und vorrangig — als institutionelle Bestätigung eines Systems örtlicher Wirtschaftsordnung zu begreifen, das auf dem gleichrangigen Neben- und Miteinander von gemeindlicher und privater Wirtschaft aufbaut, das auf die erforderlichen Funktionsgrenzen gemeindlicher Wirtschaftsbetätigung vor der verfassungsrechtlichen Selbstverwaltungsgarantie und ihrem Funktionsauftrag achtet, und das den Wettbewerb zwischen gemeindlichen und privaten Wirtschaftsunternehmen anerkennt, diesen auf der gemeindlichen Seite aber den notwendigen Vorbehalten sozialwirtschaftlicher Zweckerreichung und finanzpolitischer Verträglichkeit verpflichtet.

Die grundlegende Vorschrift des § 67 DGO band die Errichtung gemeindlicher Wirtschaftsunternehmen

(1) an das Vorliegen eines „öffentlichen Zwecks",

(2) an den Grundsatz der Verhältnismäßigkeit von kommunaler „Leistungsfähigkeit" und „voraussichtlichem Bedarf" und

(3) an die Voraussetzung, daß der betreffende „Zweck nicht besser und wirtschaftlicher durch einen anderen erfüllt wird oder erfüllt werden kann".

Zielsetzung und Gründe dieser institutionellen Voraussetzungen gemeindlicher Wirtschaftsbetätigung wurden in den Amtlichen Materialien wie in den entwicklungsgeschichtlichen Vorläufern des § 67 DGO eindeutig festgelegt. Hiernach sollte vor allem folgendes gelten:

(1) Die Gemeinden sollten keine Wirtschaft allein aus fiskalisch-erwerbswirtschaftlichen Gründen, sondern nur aus öffentlich gerechtfertigten, d. h. im Einklang mit den daseinsvorsorgerischen Grundfunktionen der kommunalen Selbstverwaltung vorrangig versorgungspolitischen Gründen betreiben („öffentlicher Zweck" als primär versorgungspolitische Aufgabe)[5].

(2) Die Gemeinden sollten nur dann eigenwirtschaftlich tätig werden, wenn dies bedarfsmäßig geboten ist und wenn kein anderes — privates *oder* öffentliches (!)[6] — Wirtschaftssubjekt zur Übernahme der betref-

---

[5] Vgl. Stern - Püttner, Gemeindewirtschaft, S. 62 ff., 70 ff.; Köttgen, in: Hundert Jahre Deutsches Rechtsleben, Bd. I, 1960, S. 577 (590 ff., 614 f.); R. Scholz, Gemeindliche öffentliche Einrichtungen, S. 101 f., 120 ff. m. w. Nachw.; vgl. auch BVerwGE 39, 329 (333 f.).

[6] Vgl. Surén - Loschelder, DGO, 1940, § 67 Erl. 3 c, aa; Siedentopf, Grenzen und Bindungen der Kommunalwirtschaft, 1963, S. 43 f.; H. J. Wolff, AfK 63, 149 (167 f.); R. Scholz, Gemeindliche öffentliche Einrichtungen, S. 80 m. N. 142; Stern - Burmeister, Die kommunalen Sparkassen, 1972, S. 165.

1. Grundstrukturen der kommunalen Wirtschaftsordnung

fenden Wirtschaftsaufgabe fähig und willens ist (Erforderlichkeit gemeindlicher Wirtschaftsbetätigung)[7].

(3) Die Gemeinden sollten vor einem zu hohen bzw. ökonomisch zu riskanten Eigenengagement geschützt werden (finanzielle Vertretbarkeit der gemeindlichen Wirtschaftsbetätigung)[8].

(4) Die Privatwirtschaft sollte vor einem Überhandnehmen bzw. vor einem entsprechenden Verdrängungswettbewerb gemeindlicher Konkurrenzwirtschaften geschützt werden[9].

Diese Grundsätze gelten auch heute, in nur wenig modifizierter Form, fort:

(1) Das Erfordernis des versorgungspolitisch-„öffentlichen Zwecks" postulieren die Bestimmungen der §§ 102 I Nr. 1 BadWüGO, 121 I HessGO, 108 I Nr. 1 NdsGO, 85 I Nr. 1 RhPfGO, 106 I Nr. 1 SaarGO, 101 I lit. a SchlHGO, Art. 89 I Nr. 1 BayGO. Eine Verschärfung hat lediglich die Vorschrift des § 88 I Nr. 1 NRWGO vorgenommen, derzufolge nunmehr ein „dringender öffentlicher Zweck" erforderlich sein soll.

(2) Das Erfordernis der Verhältnismäßigkeit von gemeindlicher „Leistungsfähigkeit" und „Bedarf" betonen einheitlich §§ 102 I Nr. 2 BadWüGO, 121 I HessGO, 108 I Nr. 2 NdsGO, 88 I Nr. 2 NRWGO, 85 I Nr. 2 RhPfGO, 106 I Nr. 2 SaarGO, 101 I lit. b SchlHGO, Art. 89 I Nr. 2 BayGO.

(3) Den Vorbehalt, daß der betreffende öffentliche Zweck nicht „besser und wirtschaftlicher" bzw. zumindest „ebensogut und wirtschaftlich" durch einen anderen erfüllt werden kann, haben die Regelungen der §§ 108 I Nr. 3 NdsGO, 88 I Nr. 1 NRWGO, 85 I Nr. 3 RhPfGO, 106 I Nr. 3 SaarGO und Art. 89 I Nr. 3 BayGO beibehalten. Die übrigen Gemeindeordnungen haben auf diesen Vorbehalt verzichtet. Wesentliche Bedeutung kommt diesem Verzicht jedoch nicht zu; denn das im allgemeinen (rechtsstaatlich begründeten) Übermaßverbot mitangelegte, generell

---

[7] Vgl. R. Scholz, Gemeindliche öffentliche Einrichtungen, S. 80; Stern - Burmeister, Sparkassen, S. 165 f.; Hoffmann - Becking, Wolff-Festschrift, 1973, S. 445 (448 ff.); vgl. auch Lerche, Verfassungsfragen um Sozialhilfe und Jugendwohlfahrt, 1963, S. 46 ff.

[8] Vgl. Amtliche Begründung zu § 67 DGO Ziff. 1 lit. b - c (abgedruckt bei Surén - Loschelder, DGO, § 67 Erl. 1); R. Scholz, Gemeindliche öffentliche Einrichtungen, S. 80; Lerche, Verfassungsfragen, S. 56; Stern - Burmeister, Sparkassen, S. 166 f.; vgl. weiterhin BGH, JZ 62, 217 (218); BayVGH, JZ 76, 641 (642).

[9] Vgl. Amtliche Begründung zu § 67 DGO Ziff. 1; Köttgen, Gemeindliche Daseinsvorsorge und gewerbliche Unternehmerinitiative im Bereiche der Wasserversorgung und Abwässerbeseitigung, 1961, S. 67; Siedentopf, Grenzen, S. 43 f.; Stern, AfK 64, 99 f.; Stern - Burmeister, Sparkassen, S. 165 ff.; R. Scholz, Gemeindliche öffentliche Einrichtungen, S. 79; BGH, JZ 62, 218; BVerwGE 39, 334 ff.; BayVGH, JZ 76, 642.

auch für die Gemeinden verbindliche Erforderlichkeitsprinzip verpflichtet die Gemeindewirtschaft ohnehin.

(4) Den Schutz Privater betont besonders bzw. verstärkt nur Art. 89 II BayGO mit der Vorschrift, daß „gemeindliche Wirtschaftsunternehmen keine wesentliche Schädigung und keine Aufsaugung selbständiger Betriebe in Landwirtschaft, Handel, Gewerbe und Industrie bewirken dürfen".

Die prinzipiell gleichen Grundsätze gelten für gemeindliche Unternehmensbeteiligungen, d. h. für gemischt-wirtschaftliche Unternehmen mit gemeindlichem Anteil (vgl. §§ 69 DGO, 104 BadWüGO, 122 HessGO, 110 NdsGO, 90 NRWGO, 87 RhPfGO, 107 SaarGO, 103 SchlHGO, Art. 91 BayGO).

Obwohl diese Bestimmungen eindeutig ein umfassendes Ordnungsstem von legitimer Gemeindewirtschaft statuieren, sind diese von zahlreichen Interpreten lange — freilich ebenso einseitig wie interpretatorisch zu kurz greifend — als (bloßer) Ausdruck des sog. *Subsidiaritätsprinzips* bzw. als entsprechende Schutznormen zugunsten der Privatwirtschaft gedeutet worden[10]. Tatsächlich ist eine solche Interpretation jedoch irrig. Das Gemeindewirtschaftsrecht bezweckt zwar, wie gezeigt, *auch* den *Schutz der Privatwirtschaft* vor einer allein erwerbswirtschaftlich motivierten oder konkurrenzwirtschaftlich *nicht erforderlichen* Gemeindewirtschaft *(doppelte Schutzfunktion)*[11]. Dieser Schutz basiert aber nicht auf einem von Gemeindeverfassungs wegen etwa anerkanntem *Subsidiaritätsprinzip*[12]; dem Gemeindeverfassungsrecht ist dieses Prinzip vielmehr ebenso unbekannt[13] wie dem staatlichen Verfassungsrecht, d. h. dem Grundgesetz[14]. Die Beschränkungen, die die gemeindliche Wirtschaftsbetätigung durch das Gemeindewirtschaftsrecht erfahren hat,

---

[10] Vgl. z. B. Maunz - Dürig - Herzog - Scholz, GG, Art. 2 I Rdn. 52; Ipsen, NJW 63, 2049 (2054); Nipperdey, Soziale Marktwirtschaft und Grundgesetz, 3. Aufl. 1965, S. 26; Gönnewein, Gemeinderecht, S. 56; Köttgen, in: Hundert Jahre Deutsches Rechtsleben, Bd. I, S. 593 f.

[11] Vgl. richtig z. B. Stern - Burmeister, Sparkassen, S. 167 ff.

[12] Zu diesem vgl. allgemein bes. Isensee, Subsidiaritätsprinzip und Verfassungsrecht, 1968, bes. S. 106 ff.

[13] Vgl. BVerwGE 39, 338; BayVGH, JZ 76, 642; Stern - Burmeister, Sparkassen, S. 163 ff.; Lerche, Verfassungsfragen um Sozialhilfe und Jugendwohlfahrt, S. 56; R. Scholz, Gemeindliche öffentliche Einrichtungen, S. 46 f., 78 ff., 165 ff.

[14] Vgl. BVerwGE 23, 304 (306); 39, 338; Herzog, Staat 63, 399 ff.; Lerche, a.a.O., S. 26 ff.; Stern - Burmeister, Sparkassen, S. 158 ff., 174 f.; H. Klein, Teilnahme des Staates am wirtschaftlichen Wettbewerb, 1968, S. 159 ff.; R. Scholz, Gemeindliche öffentliche Einrichtungen, S. 46 ff., 165 ff.; ders., Die Koalitionsfreiheit als verfassungsrechtliches Problem, 1971, S. 167, 186 m. w. Nachw.; a. A. vgl. z. B. Maunz - Dürig - Herzog - Scholz, GG, Art. 1 I Rdnr. 54, 2 I Rdnr. 52; Peters, Nipperdey-Festschrift, Bd. II, 1965, S. 877 (878, 892 f.); Depenbrock, Die Stellung der Kommunen in der Versorgungswirtschaft, 1961, S. 71, 75, 82 ff.

1. Grundstrukturen der kommunalen Wirtschaftsordnung

vermitteln dem Privaten demgemäß auch kein subjektives öffentliches Recht auf Unterlassung[15]; und sie bedeuten ebensowenig ein Schutzgesetz i. S. des § 823 II BGB mit der dortigen Schadensersatzfolge[16]. Der Schutz des Privaten resultiert vielmehr aus der *objektiv-rechtlichen (institutionellen) Beschränkung* der Gemeindewirtschaft. Er bildet m. a. W. wesentlich deren (freilich ebenso wie im Falle eines subjektiven Abwehrrechts verbindlichen) Rechtsreflex bzw. ein entsprechendes *Reflexrecht* zugunsten des Privaten[17].

Ausdrücklich kennt das Gemeindewirtschaftsrecht keine Regelungen für die *Gemeindewirtschaftsförderung*. Als (auch wirtschaftspolitisch zuständiger) örtlicher Selbstverwaltungsträger ist die Gemeinde jedoch auch zur Wirtschaftsförderung berechtigt. Die kommunale Wirtschaftsförderung findet ihre rechtliche Legitimation in den gleichen Grundsätzen, die die gemeindliche Eigenwirtschaft legitimieren: nämlich im Auftrag der Gemeinde, in eigenverantwortlicher Selbstverwaltung die sozioökonomischen Lebensbedingungen im örtlichen Raum für die „örtliche Gemeinschaft" (Art. 28 II GG) zu sichern und zu verbessern; und zur Erfüllung dieser Aufgabe gehört auch die Verbesserung ökonomischer Standortbedingungen, örtlicher Produktivitätsverhältnisse und vor allem daseinsvorsorgerischer Gemeinschaftsbelange[18]. Zu diesem Zwecke ist die Gemeinde berechtigt, im Rahmen ihrer allgemeinen Zuständigkeiten auch wirtschaftsinterventionistisch tätig zu werden[19]; und dies gleichfalls nicht unter dem Sperrvorbehalt eines angeblichen Subsidiaritätsprinzips[20]. Das in der Diskussion um die Grenzen der gemeindlichen Wirtschaftstätigkeit vor allem früher recht heftig verfochtene Subsidiaritätsprinzip ist dem Gemeindewirtschaftsrecht, wie gezeigt, keines-

---

[15] Vgl. BVerwGE 39, 336; BayVGH, JZ 76, 642; Lerche, JurA 1970 (ÖR II), 3 (34 ff.); H. Klein, Teilnahme des Staates, S. 73 ff.; vgl. auch OVG Münster, DÖV 64, 353 (354 f.).

[16] Vgl. BGH, DVBl 62, 102 (104) = JZ 62, 217 (218 f.) mit kritischer Anm. Gönnenwein; Schricker, Wirtschaftliche Tätigkeit der öffentlichen Hand und unlauterer Wettbewerb, 1964, S. 92 f.; R. Scholz, Gemeindliche öffentliche Einrichtungen, S. 80 m. N. 140; a. A. Gönnenwein, Gemeinderecht, S. 58; Dorn, NJW 64, 137 (138); Adam, BayVBl 62, 140 (141).

[17] Vgl. BayVGH, JZ 76, 642.

[18] Vgl. Möller, Wirtschaftsförderung, S. 37 ff., 42 ff., 58 ff., 65 ff.; ders., Subventionsverwaltung, S. 22 ff.; Köttgen, Spielraum kommunaler Wirtschaftsförderung, S. 17 ff., 28 ff., 47 ff., 84 ff.; zu Formen, Zielen und Techniken gemeindlicher Wirtschaftsförderung s. weiterhin W.-H. Müller, AfK 76, 185 ff.; Stahl, Kommunale Wirtschaftsförderung. Praxis und rechtliche Problematik, 1970; Linden, Theorie und Praxis der kommunalen Wirtschaftsförderung, S. 15 ff., 55 ff., 93 ff., 205 ff.; Flämig, Gemeindefinanzen und kommunale Wirtschaftsentwicklungsplanung, 1974, S. 17 ff., 71 ff.

[19] Vgl. Möller, Wirtschaftsförderung, S. 42 ff.; Köttgen, Spielraum, S. 17 ff., 28 ff., 47 ff., 84 ff.

[20] A. A. allerdings Möller, Wirtschaftsförderung, S. 31; vgl. denselben aber auch in: Subventionsverwaltung, S. 113 ff.

wegs eigentümlich. Die mit seinem Einsatz verbundenen Erwartungen auf eine sach- und funktionsgerechte Limitierung der Gemeindewirtschaft sind jedoch begründet; dies aber nicht unter dem Aspekt einer Subsidiarität gemeindlicher Wirtschaftszuständigkeiten gegenüber den Wirtschaftsinitiativen Privater, sondern — wie gleichfalls schon gezeigt — unter dem Aspekt der *Erforderlichkeit gemeindlicher Eigenbetätigung:* Die Gemeinde soll nur dann eigenwirtschaftlich oder aktiv-wirtschaftsfördernd tätig werden, wenn dies nach der Bedarfslage objektiv erforderlich bzw. sachlich geboten ist. Bei der Beurteilung dieser Frage steht der Gemeinde zwar ein gewisses Maß an Ermessen bzw. an eigenen wirtschafts- und sozialpolitischen Zweckmäßigkeitserwägungen offen[21]; über ein tatsächlich nicht bestehendes Erfordernis führen aber auch diese nicht hinweg. Insoweit ist die allgemeine Kommunalaufsicht schon im Rahmen der *Rechtsaufsicht* zur Kontrolle und gegebenenfalls Beanstandung unzulässiger gemeindlicher Wirtschaftsbetätigungen verpflichtet[22]. Solche Aufsichtsmaßnahmen werden insbesondere dann geboten sein, wenn eine Gemeinde aus *ausschließlich erwerbswirtschaftlichen Gründen,* oder in der Form *absoluter Unwirtschaftlichkeit* bzw. *absolut über die Grenzen der eigenen Leistungsfähigkeit hinaus,* oder aus Gründen *einseitigen Verdrängungswettbewerbs gegenüber Privaten* oder aus Gründen eines (nicht legitimen — s. oben) „Munizipalsozialismus" die *einseitige Kommunalisierung* von Wirtschaftsaufgaben verfolgt[23], die bisher von der Privatwirtschaft in ebenso sach- und funktionsgerechter wie sozialwirtschaftlich wirksamer Weise erfüllt wurden[24]. In Richtung auf die hiesige Problematik der Folgen bzw. Folgeregelungen zur kommunalen Gebietsreform ist gleichzeitig festzuhalten, daß selbstverständlich auch solche Folgen oder Folgeregelungen, wenn sie kompetenziell in das Gemeindewirtschaftsrecht einschlagen, diesen, kommunalaufsichtsrechtlich zu kontrollierenden Schranken unterliegen[25].

Da das Zentrum der allgemeinen Verwaltungszuständigkeiten der kommunalen Selbstverwaltung im Bereich der Leistungsverwaltung liegt, gestaltet sich auch die gemeindliche Wirtschaftsförderung vor-

---

[21] Vgl. BVerwGE 39, 334; BayVGH, JZ 76, 642; Stern - Püttner, Gemeindewirtschaft, S. 72 ff.; R. Scholz, DÖV 76, 442; Zumpe, Rechtliche Grenzen der kommunalen Wohnraumvermittlung, 1976, S. 51.

[22] Vgl. auch Gönnenwein, Gemeinderecht, S. 58; ders., JZ 62, 219; s. weiterhin auch OVG Münster, DVBl 76, 395 (396).

[23] Vgl. als aktuelles Beispiel hierzu etwa die Problematik der kommunalen Wohnraumvermittlung (dazu vgl. richtig Zumpe, S. 37 f.).

[24] Vgl. auch Gönnenwein, Gemeinderecht, S. 58.

[25] Vgl. richtig Altenmüller, DÖV 77, 34 (36) zur Frage der Verbindlichkeit von Zusagen in Gebietsänderungsverträgen: Keine Bindung im Falle des „schweren Verstoßes" gegen den Grundsatz der Wirtschaftlichkeit und Sparsamkeit der Gemeindeverwaltung.

nehmlich nach deren Instrumentarien. So bildet z. B. die Subventionsvergabe ein hervorragendes Beispiel legitimer gemeindlicher Wirtschaftsförderung[26]. Im weiteren sind jedoch auch alle anderen wirtschaftsrelevanten Maßnahmen der Gemeinde unter dem Aspekt der Wirtschaftsförderung zu sehen. Einen besonderen wie typischen Tatbestand legitimer Wirtschaftsförderung bildet hiernach auch die gemeindliche Beteiligung an privaten Wirtschaftsunternehmen; denn wenn die konkrete Beteiligung die Unterstützung eines privatunternehmerischen Wirtschaftserfolges verfolgt, so fördert es diesen, unterscheidet sich von der Subvention also nur graduell[27]. Richtig besehen umschreibt also auch das gemischt-wirtschaftliche Unternehmen einen Tatbestand gemeindlicher Wirtschaftsförderung, ungeachtet und unbeschadet der Tatsache, daß das gemischt-wirtschaftliche Unternehmen auch einen Tatbestand gemeindlicher Eigenwirtschaft nennt. Eigenwirtschaft und Wirtschaftsförderung unterscheiden sich m. a. W. auch in der Realität nur begrenzt; ihre (gemeindewirtschafts-)rechtliche Legitimation ist ohnehin die gleiche.

2. Bezüge zur staatlichen Wirtschaftsverfassung

Dieses System der gemeindlichen Wirtschaftsordnung fügt sich in das System der staatlichen Wirtschaftsverfassung, wie sie das Grundgesetz vorgibt, nahtlos ein. Denn das Grundgesetz kennt kein ordnungspolitisch geschlossenes Wirtschaftsverfassungssystem; die *Wirtschaftsversung des Grundgesetzes* ist vielmehr „neutral" oder — besser ausgedrückt — *offen*[28]. Dies bedeutet, daß die konkret gültige Wirtschaftsordnung sich grundsätzlich nach dem gesetzgeberischen Zweckmäßigkeitsentscheid richtet, soweit nicht speziell wirtschaftsordnende Verfassungsentscheidungen, wie namentlich die Grundrechte, einer konkreten Ordnungsmaßnahme entgegenstehen[29]. Das Verhältnis von öffentlicher und privater Wirtschaft erweist sich damit ebenfalls als gestaltungspolitisch prinzipiell offen. Das Grundgesetz gibt dem Staat zwar keine Ermächtigung zur erwerbswirtschaftlichen Betätigung, verschließt sich umgekehrt aber akzidentiellen Formen staatlicher Erwerbswirtschaft nicht

---

[26] Vgl. näher hierzu Möller, Subventionsverwaltung, bes. S. 78 ff., 108 ff.
[27] Vgl. Möller, Subventionsverwaltung, S. 91 ff.; Zacher, WiR 1972, 185 (224 f.).
[28] Vgl. z. B. BVerfGE 4, 7 (17 f.); 12, 341 (347); 37, 1 (21); 39, 210 (225); BVerwGE 39, 329 (336); Ehmke, Wirtschaft und Verfassung, 1961, S. 68 ff.; Scheuner, VVDStRL 11, 1 (19 ff.); Badura, Wirtschaftsverfassung und Wirtschaftsverwaltung, 1971, S. 17 ff.; R. Scholz, Konzentrationskontrolle und Grundgesetz, 1971, S. 26 ff.; ders., in: Der Staatssektor in der sozialen Marktwirtschaft, 1976, S. 113 (116 ff.).
[29] Vgl. außer den vorgenannten Nachweisen bes. BVerfGE 21, 73 (78); 21, 150 (157); 25, 1 (13 ff.); 29, 402 (410 f.); 30, 250 (262 f.).

von vornherein[30]. Im Lichte der sozialstaatlichen Ermächtigung empfängt vor allem die *öffentliche Sozialwirtschaft*, d. h. die zu Leistungs- und nicht zu Erwerbszwecken betriebene Staatswirtschaft, den Rang besonderer Legitimation bzw. verfassungsrechtlicher Rechtfertigung[31].

Für die Gemeindewirtschaft und ihre unterverfassungsrechtlichen Grundlagen begründet dies ein verfassungskräftiges Plazet. Denn die versorgungspolitischen Zwecken verpflichtete Gemeindewirtschaft und die entsprechend gebundene Wirtschaftsförderung der Gemeinden fällt voll unter den Tatbestand derart legitimierter Sozialwirtschaft[32]. Andererseits besteht auch dieses verfassungsrechtliche Plazet zugunsten der Gemeindewirtschaft nicht ohne Einschränkungen. Auch die Gemeindewirtschaft und die gemeindliche Wirtschaftsförderung sind nämlich an jene grundrechtlichen Schranken gebunden, die zugunsten der Privatwirtschaft gegenüber jedweder Wirtschaftspolitik von Staat ebenso wie von Gemeinden bestehen; und dies ungeachtet der Tatsache, daß auch gemeindliche Wirtschaftsagenden unter grundrechtlichem Schutz stehen können[33]. Auf diese grundrechtlichen Schranken der gemeindlichen Wirtschaftsbetätigung wird im Anschluß an die Untersuchung des Verhältnisses von regionaler Energieversorgung und Gemeindewirtschaftsrecht sowie Straßenrecht zurückzukommen sein[34].

3. Kommunale und private Energieversorgung zwischen Kooperation und Konkurrenz

Das Verhältnis von kommunaler und privater (regionaler) Energieversorgung wird von verschiedenen Faktoren bestimmt, die sich im weiteren auf die funktionalen Handlungskategorien von *Kooperation* und *Konkurrenz* reduzieren lassen:

Gemeinden und private Energieversorgungsunternehmen arbeiten seit jeher im engen energiewirtschaftlichen Verbund zusammen. Gerade in der regionalen Energieversorgung kooperieren beide — wie bereits

---

[30] Vgl. z. B. BVerwGE 39, 336 f.; Püttner, Die öffentlichen Unternehmen, 1969, S. 125 ff., 141 ff.; Emmerich, Das Wirtschaftsrecht der öffentlichen Unternehmen, 1969, S. 86 ff.; H. Klein, Teilnahme des Staates, S. 98 ff.; Bettermann, Hirsch-Festschrift, 1968, S. 1 (3 ff.); Stern - Burmeister, Sparkassen, S. 171 ff.; R. Scholz, ZHR 132, 97 (99 ff.); Grupp, ZHR 140, 367 (378 ff.).

[31] Vgl. näher bereits R. Scholz, Sieg-Festschrift, S. 516 ff.; ders., in: Scholz - Isensee, Zur Krankenversicherung der Studenten, 1973, S. 13 ff.; s. jetzt auch Grupp, ZHR 140, 372 ff.

[32] Vgl. näher bereits R. Scholz, Gemeindliche öffentliche Einrichtungen, S. 127 ff.

[33] Vgl. näher hierzu Stern - Püttner, Gemeindewirtschaft, S. 130 ff.; Stern - Burmeister, Sparkassen, S. 199 f.; R. Scholz, Gemeindliche öffentliche Einrichtungen, S. 125 f., 132.

[34] s. unten sub VII.

gezeigt — auf das engste miteinander. Die Kooperation von Gemeinden und Privatwirtschaft vollzieht sich, soweit es um die Unternehmensebene selbst geht, vorrangig in den Rechts- und Organisationsformen des gemischt-wirtschaftlichen Unternehmens. Der Organisationstypus des gemischt-wirtschaftlichen Unternehmens hat gerade im Bereich der Energiewirtschaft seinen zentralen Stellenwert empfangen. Er gehört hier zu den heute unverzichtbaren Voraussetzungen institutioneller und verfassungsrechtlich durch Art. 28 II GG mitgarantierter Kooperation von kommunaler und privater Daseinsvorsorge[35]. Die kommunale Gesetzgebung einiger Bundesländer neigt zwar neuerdings dazu, diese institutionelle Kooperation über die organisationsrechtliche Kategorie des gemischt-wirtschaftlichen Unternehmens in Frage zu stellen bzw. Restriktionen zu unterwerfen, die auch an den Kern der regional-kooperativen Energieversorgung rühren[36]. Maßgebend mit aus diesem Grunde sind diese Restriktionen bzw. die hinter ihnen stehende Tendenz jedoch mit der Selbstverwaltungsgarantie des Art. 28 II GG grundsätzlich unvereinbar[37].

Neben der kooperationsrechtlichen Komponente steht die konkurrenzwirtschaftliche Komponente von kommunaler und privater Energieversorgung. Beide sind gleichermaßen und gleichrangig zur daseinsvorsorgerischen Verantwortung berufen. Die Daseinsvorsorge und mit ihr die Energieversorgung bilden keine verwaltungsmäßig-öffentlich-rechtliche Zuständigkeit, sondern eine öffentliche wie private Aufgabe, die sowohl von staatlichen und kommunalen wie von privaten Unternehmen erfüllt werden kann. Da zwischen gemeindlicher und privater Versorgungswirtschaft kein Subsidiaritätsprinzip bzw. keine diesem verwandte Zuständigkeitsabgrenzung besteht, sieht sich die Konkurrenz zwischen kommunaler und privater Energieversorgung als solche ebenso institutionell vorgegeben wie deren institutionelle Kooperation. Die Gemeinde ist prinzipiell und jederzeit berechtigt, sich zur Sicherung der Energieversorgung ihrer Einwohner zu entschließen und entsprechende Maßnahmen zu ergreifen. Wenn die Gemeinde einen solchen Entschluß faßt, so begründet sie im gleichen Moment eine entsprechende Energieversorgungskompetenz zu ihren eigenen Gunsten bzw. zu Lasten ihrer eigenen Verantwortung. Auch dies wurde bereits im früheren Zusammenhang deutlich.

Deutlich wurde ebenfalls bereits, daß mit einem solchen kommunalen Kompetenzentscheid bzw. mit einem solchen kompetenzbegründenden Gemeindeentschluß noch nichts über die Form der Kompetenzausübung bzw. über die Art und Weise gesagt (entschieden) ist, in der die Gemein-

---

[35] Vgl. bereits R. Scholz, DÖV 76, 446 ff.
[36] Vgl. näher bereits R. Scholz, DÖV 76, 441 ff.; Braun, ET 76, 167 ff.
[37] Vgl. näher bereits R. Scholz, DÖV 76, 443 ff.

de die betreffende Kompetenz tatsächlich zu erfüllen gedenkt bzw. wahrnehmen zu lassen beabsichtigt. Hierfür stehen der Gemeinde prinzipiell sämtliche Möglichkeiten zur Verfügung, die ihr das Gemeindewirtschaftsrecht als maßgebendes Organisationsrecht für kommunale Wirtschaftsagenden bzw. örtlich-kommunale Wirtschaftspolitik eröffnet. Überläßt die Gemeinde die tatsächliche Energieversorgung einem privaten Energieversorgungsunternehmen, so kann sich ihr (positiver) Kompetenzentscheid sogar mit einem (negativen) Kompetenzausübungsverzicht zugunsten jenes Privatunternehmens verbinden. Solange die Gemeinde jedoch auf dessen Versorgungsleistungen bzw. dessen Funktions- und Leistungsfähigkeit ihrerseits Einfluß nimmt, wird sie dennoch auch kompetenzerfüllend tätig; dies nur nicht in der Form des Eigenunternehmens bzw. der Eigenwirtschaft, sondern in der Form der Wirtschaftslenkung und Wirtschaftsförderung.

Die Befugnis der Gemeinden zur Energieversorgung besteht als solche zunächst im gemeindlichen Recht zur Kompetenz (Kompetenzbegründung). An dieses Recht schließt sich die Befugnis der Gemeinden an, prinzipiell frei, d. h. nach eigenem Ermessen, darüber zu disponieren, in welcher Form sie die fragliche Zuständigkeit erfüllt. Als entsprechende Hauptformen der kommunalen Kompetenzausübung gelten

(1) das kommunale Eigenenergieversorgungsunternehmen;

(2) die kommunale Beteiligung an einem regionalen (privaten) Energieversorgungsunternehmen in der Form des gemischt-wirtschaftlichen Unternehmens;

(3) die kommunale Überlassung der Energieversorgung an ein privates Energieversorgungsunternehmen unter Einsatz entsprechend versorgungssichernder Interventionsmittel aus dem Arsenal der gemeindlichen Wirtschaftsförderung.

Angesichts der dargestellten Legitimation (auch) der kommunalen Wirtschaftsförderung bedarf es demgemäß vor allem der Untersuchung, welche Maßnahmen in deren Rahmen statthaft und geeignet sind, die Versorgungsziele des EnWG und des Gemeindewirtschaftsrechts (Gemeindewirtschaft als Erfüllung eines öffentlichen, d. h. vor allem daseinsvorsorgerischen Zwecks) zu erreichen. Äußerlich offenbart sich zunächst ein Zusammenhang zwischen kommunaler Wirtschaftsförderung und kommunaler Beteiligung an privaten (regionalen) Energieversorgungsunternehmen; denn Beteiligungen dieser Art bilden — neben ihrer eigenwirtschaftlichen Komponente — gleichzeitig Maßnahmen der kommunalen Wirtschaftsförderung (Wirtschaftsförderung im weiteren Sinne)[38]. Solange sich eine Gemeinde im Rahmen ihrer selbstverwaltungs-

---

[38] s. vorstehend sub 1.

3. Energieversorgung zwischen Kooperation und Konkurrenz   59

rechtlichen, gemeindewirtschaftsrechtlichen, energierechtlichen sowie sonstigen gesetzlichen Zuständigkeiten und Befugnisse hält, solange und soweit ist die Gemeinde frei, auch selbst über die Mittel zu entscheiden, die sie im Rahmen ihrer Wirtschaftsförderung zu entsprechend interventionistischen Zwecken einsetzt. Die Subvention und die Beteiligung an einem privaten Wirtschaftsunternehmen bilden nur zwei Beispiele aus einem ganzen Kanon tatsächlich möglicher und rechtlich statthafter Interventionsmittel. Alle diese Mittel bilden gleichzeitig Formen der Kompetenzausübung oder m. a. W. Instrumente zum Vollzug einer Kompetenzentscheidung, die die Gemeinde etwa auf dem Felde der Energieversorgung zu deren spezifisch örtlicher Sicherung getroffen hat.

Im einzelnen sehen sich diese Zusammenhänge freilich noch nicht allseits durchschaut, obwohl Legitimation wie zielpolitischer Grundbezug der kommunalen Wirtschaftsförderung nicht im Streit stehen. Beachtet man diese Zusammenhänge jedoch in ihrer realen wie rechtlichen Wirksamkeit, so wird auch die Rolle des Konzessionsvertrages und des gemeindlichen Wegemonopols deutlicher; oder anders ausgedrückt: Neben der straßen- und eigentumsrechtlichen Komponente dieser Institute wird vor allem deren — paralleler — gemeindewirtschaftsrechtlicher Bezug offenkundig: Der Konzessionsvertrag wird von der Gemeinde zur Sicherung der Energieversorgung durch ein privates (regionales) Energieversorgungsunternehmen eingesetzt, indem die Gemeinde diesem Unternehmen die sächlichen Voraussetzungen zur Leitungsverlegung bzw. — wirtschaftlich ausgedrückt — zur optimalen Standortfindung eröffnet[39]. Maßnahmen dieser Art haben eindeutig (auch) wirtschaftsinterventionistischen Inhalt; sie bilden Maßnahmen der Wirtschaftsförderung zur Erfüllung der — von der Gemeinde kompetenz- bzw. aufgabenmäßig bereits anerkannten oder übernommenen — Funktion örtlicher Energieversorgung (Kompetenzbegründung). Vollends deutlich wird dies, wenn man die weiteren Inhalte des Konzessionsvertrages betrachtet. Denn der Konzessionsvertrag regelt üblicherweise auch die inhaltlichen Bedingungen der Energieversorgung. Die Gemeinde nimmt m. a. W. auf deren Gestaltung und Sicherung durch den Konzessionsvertrag in kompetenzgerechter Weise Einfluß. In diesem Sinne hat die Gemeinde seit jeher über „das Angebot des Produktionsmittels ‚öffentliche Wege'" energiewirtschaftliche Wirtschafts- und Versorgungspolitik betrieben[40]. Dies zu leugnen, hieße die gesamte legitime und

---

[39] Zur Aufgabe der gemeindlichen Wirtschaftsförderung gerade auf dem Gebiet der Standortfaktoren vgl. z. B. Friedrich, Standorttheorie für öffentliche Verwaltungen, 1976, bes. S. 41 ff., vgl. auch S. 77 ff. zum Verhältnis von Standortfaktoren und — aus dem Wirtschaftlichkeitsgebot resultierender — Kostenminimierung; vgl. weiterhin W.-H. Müller, AfK 76, 187 ff.
[40] Vgl. näher Gröner, Die Ordnung der deutschen Elektrizitätswirtschaft, S. 258 ff., s. allgemein auch S. 74 ff.

geschichtlich fixierte Entwicklung des Konzessionsvertrages verkennen und konterkarieren. Nach Tradition wie geltendem Recht bildet der *Konzessionsvertrag ebenso ein Institut des Straßenrechts wie des Energie- und Gemeindewirtschaftsrechts*[41]. Ausdrücklich erkannt und anerkannt hat dies der baden-württembergische Landesgesetzgeber, indem er die „Energieverträge" (= A- und B-Verträge) innerhalb des Gemeindewirtschaftsrechts seiner Gemeindeordnung[42] geregelt und insbesondere bestimmt hat, daß die Gemeinde Konzessionsverträge nur abschließen, verlängern, ablehnen oder ändern darf, „wenn die Erfüllung der Aufgaben der Gemeinde nicht gefährdet wird und die berechtigten wirtschaftlichen Interessen der Gemeinde und ihrer Einwohner gewahrt sind" (§ 107).

Diese Bestimmung ist systematisch wie inhaltlich vorbildlich; sie ist als Ausdruck einer für das gesamte Gemeindewirtschaftsrecht maßgebenden Rechtslage zu erkennen. Dies verkennen freilich Biedenkopf-Kellmann[43], wenn sie die Auffassung vertreten, daß gemeindliche Sondernutzungserlaubnisse gemäß § 8 I BFStrG bzw. gemäß den Parallelvorschriften des Landesstraßenrechts die Verfolgung wirtschaftsinterventionistischer Zwecke verböten. Richtig ist allein das Gegenteil. Denn die Gemeinde darf von ihren Befugnissen als Straßeneigentümerin nur im Rahmen ihrer (allgemeinen) Zuständigkeiten bzw. allein zu deren Erfüllung Gebrauch machen; oder anders ausgedrückt: Soweit das Straßenrecht der Gemeinde entsprechende Möglichkeiten zur Erteilung von Sondernutzungserlaubnissen und zum Abschluß von Konzessionsverträgen einräumt, kann die Gemeinde von dieser Befugnis prinzipiell nach ihrem Ermessen Gebrauch machen. Gebunden wird dieses Ermessen primär indessen durch das Straßenrecht selbst und sekundär durch das übrige, für die Zuständigkeiten der Gemeinden sonst maßgebende Selbstverwaltungs- und Gesetzesrecht[44]. Für die Verantwortlichkeit der Gemeinde vor dem EnWG ist dies beispielsweise unbestritten; und ebenso unangefochten ist, daß die Gemeinde den Konzessionsvertrag bzw. ihr Wegeeigentum nicht zu erwerbswirtschaftlichen Zwecken mißbrauchen darf[45]. Denn solche Nutzungs- bzw. solche Konzessionsvertragspolitik verstieße gegen die Grundregel des Gemeindewirtschaftsrechts: die Bindung der gemeindlichen Wirtschaft an einen „öffentlichen Zweck".

Demgegenüber lassen sich auch die (prinzipiell) privatrechtlichen Charaktere des Konzessionsvertrages und des gemeindlichen Wegeeigen-

---

[41] Zur straßenrechtlichen Konzeption des Konzessionsvertrages s. auch anschließend sub VI.
[42] Vgl. BadWüGO i. d. F. vom 22. 12. 75 (GBl 76 S. 1).
[43] Vgl. Die wege- und kartellrechtliche Problematik der Verlegung von Energieversorgungsleitungen für den Eigenbedarf, S. 11.
[44] Vgl. weiter hierzu noch sub VI.
[45] Vgl. in letzterer Hinsicht auch Biedenkopf - Kellmann, S. 11.

3. Energieversorgung zwischen Kooperation und Konkurrenz

tums nicht ins Feld führen[46]. Denn diese verkörpern nur einen Teil der gemeindlichen Befugnisse; und diese (straßenrechtlichen) Befugnisse dürfen nicht gegen die gemeindliche Wirtschafts- und Versorgungsverantwortung ausgeübt werden. *Straßen-, wirtschafts- und energierechtliche Verantwortung sowie Befugnis stehen nicht isoliert nebeneinander; sie stehen vielmehr in funktionalem wie rechtlich verbindlichem Zusammenhang.* In diesem kompetenziellen Zusammenhang sind sie von der Gemeinde wahrzunehmen; und dies bedeutet, daß die gemeindewirtschaftsrechtlichen sowie energierechtlichen Zweckbindungen auch des gemeindlichen Wegeeigentums und seiner konzessionsvertraglichen Nutzung beachtet bzw. in ihrer primären Maßgeblichkeit durchzusetzen sind. Die konkrete Durchsetzung obliegt gegebenenfalls der *Kommunalaufsicht*.

Die gleichen Erkenntnisse gelten gegenüber dem Argument von der konzessionsvertraglichen Privatautonomie bzw. der gemeindlichen Vertragsfreiheit bei der Verfügung über ihr privatrechtliches Straßeneigentum. Denn beide bestehen nur im Rahmen der Gesetze bzw. im Rahmen der gesetzlichen Befugnisse der Gemeinde. Auch die konzessionsvertragliche „Privatautonomie" ist m. a. W. nur unter dem Aspekt inhaltlicher Bindung bzw. kompetenzieller Instrumentalität gegenüber dem Gemeindewirtschafts- und Energiewirtschaftsrecht und deren Zielsetzungen legitim.

Jedes gegenteilige Verständnis von Wegeigentum, Konzessionsvertragsautonomie und privatrechtlichen Gestaltungsmitteln setzte sich dem Vorwurf des *rechts- und verfassungswidrigen Formenmißbrauchs*, d. h. des Mißbrauchs jener privatrechtlichen Mittel zu Lasten oder zur Umgehung der öffentlichen bzw. gesetzlichen Verantwortung, aus[47].

Weder Privatrecht noch Eigentum und Privatautonomie ermächtigen die Gemeinde somit, anstelle ihrer öffentlichen Verantwortung bzw. ihrer Verpflichtung auf den „öffentlichen Zweck" i. S. des Gemeindewirtschaftsrechts fiskalische Erwerbsinteressen zu verfolgen. Die aus dem Konzessionsvertrag folgende Einnahme der Konzessionsabgabe bildet zwar ein legitimes fiskalisches Recht, das der Gemeinde und ihrer Selbstverwaltung nicht ohne weiteres entzogen werden dürfte[48]. Die Konzessionsabgabe bzw. das von ihr verkörperte Fiskalinteresse dürfen aber nicht im Vordergrund gemeindlicher Energie- und Konzessionsvertrags-

---

[46] Vgl. in dieser Richtung allerdings Kimminich, Verfassungsrechtliche Probleme einer Neuregelung der vertraglichen Grundlagen für die örtliche Energieversorgung, S. 68 ff.

[47] Zum Institut des in diesem Sinne rechtswidrigen Formenmißbrauchs vgl. grundlegend Pestalozza, Formenmißbrauch des Staates, 1973, bes. S. 166 ff.; s. auch Burmeister, WiR 1972, 311 ff.

[48] Vgl. insoweit richtig Kimminich, Verfassungsrechtliche Probleme, S. 71 ff.

politik stehen. Sie dürfen nur akzidentiell oder als sekundärer Nebenzweck neben dem primären Hauptzweck der Sicherung der Energieversorgung verfolgt und vertraglich zur Geltung gebracht werden.

In diesem Sinne untersteht die gesamte Energie- und Wirtschaftspolitik der Gemeinde bestimmten Bindungen und Grenzen, die sich mittelbar auch zugunsten der regionalen (privaten) Energieversorgung auswirken.

4. Folgerungen

Für die Folgenproblematik der Gebietsreform ergeben sich hiernach die nachstehenden Konsequenzen:

a) Eine kommunale Gebietskörperschaft ist prinzipiell zwar nach Ablauf eines Konzessionsvertrages auch zur Übernahme der Energieversorgung in eigene Regie befugt. Sie darf dies jedoch nur unter strikter Wahrung von Energiewirtschafts- und Gemeindewirtschaftsrecht tun. Dies bedeutet zunächst, daß qualitativ wie wirtschaftlich keine Verschlechterung der Versorgungsleistung eintreten darf. Wäre dies der Fall, so wäre die Energieaufsicht zum Einschreiten gem. §§ 4, 8 EnWG berechtigt bzw. verpflichtet.

Die gemeindeeigene Energieversorgung darf laut Gemeindewirtschaftsrecht nicht unwirtschaftlich sein; sie muß vor allem die Grenzen der eigenen Leistungsfähigkeit wahren. Dies bedeutet z. B., daß die Gemeinde nicht haushaltsmäßig unvertretbare Risiken eingehen oder entsprechende Belastungen zwecks eigener Investitionen auf sich nehmen darf. Gegebenenfalls hätte die Kommunalaufsicht wegen Verletzung der entsprechenden Grundsätze des Gemeindewirtschaftsrechts einzuschreiten. Angesichts der finanziellen, technischen und personellen Voraussetzungen, die eine funktionsfähige, sichere und sozial gerechte Energieversorgung heute an jeden Gewährleistungsträger stellt, folgt daraus, daß auch eine aufgrund der Gebietsreform größer und leistungsstärker gewordene Gebietskörperschaft nur in wirklichen Ausnahmefällen zur Übernahme der Energieversorgung in eigene Regie legitimiert sein kann[49]. Der Grundsatz der Wirtschaftlichkeit begünstigt — in aller Regel und im Einklang mit der energierechtlichen Konzentrationsmaxime — die transkommunale, also regionale Energieversorgung durch verbundwirtschaftliche Unternehmenseinheiten (bei gegebenenfalls kommunaler Beteiligung). Daraus folgt, daß die Gemeinde den gegenteiligen Fall als Ausnahmekonstellation ihrerseits begründen muß. Die Gemeinde muß zumindest schlüssig dartun, daß eine von ihr geplante Abkehr von der regionalen Energieversorgung unter Hinwendung zur örtlich

---

[49] Vgl. auch Evers, Recht der Energieversorgung, S. 164.

4. Folgerungen

begrenzteren Eigenversorgung nicht unwirtschaftlich ist[50] bzw. den Grundsätzen des gemeindewirtschaftsrechtlichen Wirtschaftlichkeitsgebots ebenso wie den Zielsetzungen des EnWG entspricht.

b) Gemeindewirtschaftsrechtlich unzulässig wäre weiterhin eine Übernahme der örtlichen Energieversorgung in kommunale Eigenregie, die zu Zwecken des Verdrängungswettbewerbs, zu Zwecken der Erwerbswirtschaft oder zu Zwecken „munizipalsozialistischer" Art, d. h. zu kommunal- und energierechtlich nicht legitimen Zwecken, erfolgte.

c) Die gleichen Prinzipien gelten für die gemeindliche Konzessionsvertragspolitik. Auch sie darf nicht in den Dienst von Zielen der zu a) und b) genannten Art gestellt werden.

d) Begünstigte der vorstehend bezeichneten Schranken gemeindlicher Initiativen sind in der Regel diejenigen Unternehmen der regionalen (privaten) Energieversorgung, die von rechtswidrigen Gemeindemaßnahmen der vorbezeichneten Art betroffen werden. Diese Unternehmen können sich an die jeweils zuständigen Instanzen der Energieaufsicht und der Kommunalaufsicht mit dem Antrag auf Abhilfe wenden. Derartige Anträge sollen nach herrschendem Verständnis von Staats- und Wirtschaftsaufsicht (die Kommunalaufsicht bildet einen Teil der Staatsaufsicht; die Energieaufsicht bildet einen Teil der Wirtschaftsaufsicht) allerdings nicht klageweise verfolgbar sein. Als Schutzgut der Kommunalaufsicht gilt die *objektive Rechtmäßigkeit* der Kommunalverwaltung, und als Schutzgut der Energie- bzw. Wirtschaftsaufsicht gilt die objektive Gewährleistung der jeweiligen ökonomischen Funktion — hier also der sicheren, funktionsfähigen und sozial gerechten Energieversorgung — in Gestalt eines *objektiven Institutionenschutzes*[51]. Aus dieser Schutzgüterordnung folgert die herrschende Ansicht, daß die Systeme der Staats- und Wirtschaftsaufsicht prinzipiell keine subjektiv-öffentlichen Rechte zugunsten des jeweils begünstigten Privaten begründen könnten. Nach der eigenen, an anderer Stelle[52] begründeten Auffassung trifft diese Folgerung jedoch nicht zu. Sie formuliert weder ein zwingendes Moment des Systems der Aufsichten noch wird sie einer rechtsstaatlich entwickelten Theorie des subjektiv-öffentlichen Rechts gerecht. Erkennt man, daß das — die verwaltungsprozessuale Klagebefugnis begründende — subjektiv-öffentliche Recht auch öffentliche In-

---

[50] Zu den diesbezüglichen Voraussetzungen s. allgemein z. B. Siepmann, in: Rehkopp, Dienstleistungsbetrieb öffentliche Verwaltung, 1976, S. 69 ff.; Münch - Lörch, ebd., S. 155 ff.

[51] Zum diesbezüglichen Wesen der Wirtschaftsaufsicht vgl. bereits R. Scholz, Wirtschaftsaufsicht und subjektiver Konkurrentenschutz, 1971, S. 16 ff.; ders., NJW 72, 1217 ff.

[52] Vgl. mit Nachweisen zum Streitstand: Wirtschaftsaufsicht und subjektiver Konkurrentenschutz, S. 104 ff., 122 ff., 152 ff.; NJW 72, 1217 ff.

V. Regionale Energieversorgung und Gemeindewirtschaftsrecht

teressen im Sinne einer Kongruenz von objektivem Schutzgut und subjektivem Schutzinteresse verkörpern und damit auch im Rahmen einer objektiv-rechtlichen Rechtsgüterordnung als gleichzeitige Repräsentation von öffentlichem und privatem Schutzgut bestehen kann[53], so ist auch im vorliegenden Problemzusammenhang die verwaltungsprozessuale Klagebefugnis gemäß § 42 II VwGO zugunsten solcher Privatunternehmen zu bejahen, die durch gegebenenfalls rechtswidrige Maßnahmen vom örtlichen Energieversorgungsmarkt verdrängt werden.

Keine prozessualen Probleme ergeben sich dagegen in denjenigen Fällen, in denen sich ein gegebenenfalls rechtswidrig verdrängtes Privatunternehmen unmittelbar gegen die Konkurrenz des an seine Stelle getretenen kommunalen Energieversorgungsunternehmens wendete (Zulässigkeit der verwaltungsgerichtlichen Konkurrentenklage)[54].

---

[53] Vgl. näher hierzu R. Scholz, VVDStRL 34, 145 (198 ff.).
[54] Vgl. dazu bes. BVerwGE 30, 191 (192 ff.) = NJW 69, 522 mit Anm. Scholz, NJW 69, 1044 f.; R. Scholz, WiR 1972, 35 ff.; ders., VVDStRL 34, 200 ff. m. w. Nachw.

VI. Regionale Energieversorgung und Straßenrecht

1. Das Straßenrecht als Grundlage leitungsgebundener Energieversorgung

Wie bereits im Zusammenhang mit der Rechtsnatur von Konzessionsvertrag und Energieversorgungsunternehmen dargelegt[1], bildet die kommunale Straßenherrschaft die tatsächliche Grundlage der leitungsgebundenen Energieversorgung. Kein Energieversorgungsunternehmen kann im kommunalen Bereich tätig werden, ohne daß die Gemeinde als Wegeeigentümerin sowie als Trägerin der Straßenbaulast (soweit konkret erforderlich) ihre Zustimmung zur Leitungsverlegung gibt. Vor allem das gemeindliche Wegeeigentum verkörpert damit eine reale *Monopolstellung*, an der grundsätzlich kein Weg vorbeiführt. Als Trägerin der Straßenbaulast ist die Gemeinde weiterhin zuständig, sofern die Inanspruchnahme der Straße zu Zwecken der Leitungsverlegung konkret über den Gemeingebrauch hinausgeht. Nach geltendem Straßenrecht soll dies zwar im allgemeinen nicht der Fall sein (vgl. § 8 X BFStrG); tatsächlich handelt es sich hierbei jedoch um eine Frage, die jeweils anhand der Gegebenheiten des Einzelfalls zu beantworten ist[2]. Im übrigen spielt diese dualistische Struktur des Straßenrechts keine entscheidende Rolle. Denn selbst wenn die Gemeinde nur als Eigentümerin ihre Zustimmung zu einer Wegebenutzung gibt, handelt sie doch nicht völlig frei bzw. gar unabhängig von ihren öffentlichen und speziell auch straßenrechtlichen Aufgaben. Die Gemeinde muß z. B. in jedem Fall prüfen, ob eine beabsichtigte Leitungsverlegung sich als erlaubnispflichtige Sondernutzung darstellt oder nicht. Schon das „konkludente Negativattest" verkörpert in Wahrheit einen relevanten Tatbestand i. S. des öffentlichen Straßenrechts. Soweit die Gemeinde „nach außen" nur als Straßeneigentümerin auftritt, beschränkt sich ihre Funktion gleichfalls nicht etwa auf die Wahrnehmung allein vermögensrechtlich-fiskalischer Eigentümerinteressen. Im Gegenteil und wie gezeigt[3]: Die Gemeinde wird auch hier vorrangig nach Maßgabe des Gemeindewirtschaftsrechts tätig; und dies bedeutet, daß die „öffentlichen Zwecke" bzw. namentlich versorgungspolitisch-daseinsvorsorgerischen Zielsetzungen des Gemeindewirtschafts-

---

[1] Vgl. oben II 1, 2.
[2] Vgl. bereits oben II, 2.
[3] Vgl. eingehend oben V 1 ff.

und Energiewirtschaftsrechts auch vom Straßeneigentum der Gemeinde beachtet werden müssen bzw. diesem gegenüber die letztlich dominierende Rolle spielen werden. Mit Recht hat A. Köttgen[4] in diesem Sinne davon gesprochen, daß der öffentliche Weg ein *„evidentes Mehrzweckinstitut"* darstelle, das „zu jenen öffentlichen Einrichtungen im weitesten Sinne gehöre, die von den Gemeinden (nur oder auch) im Interesse ihrer Einwohner unterhalten werden". Dieses Mehrzweckinstitut öffentlicher Weg umschließt demgemäß nicht nur Aufgaben der Straßenbaulast (straßenrechtliche Aufgabe im engeren Sinne) und des Straßeneigentums, sondern — in deren Rahmen — auch alle anderen Zwecke, die die Gemeinden zum Wohl ihrer Einwohner zu erfüllen haben; und zu diesen Aufgaben gehört an hervorragender Stelle wiederum die Sicherung der örtlichen Energieversorgung.

Der Konnex von Straßenrecht und Gemeindewirtschaftsrecht ist demgemäß außerordentlich eng; und ebenso eng ist der Konnex zwischen Straßeneigentum und Energieversorgung. Straßeneigentum und Straßenbaulast erfüllen im Verhältnis zur Energieversorgung maßgebend dienende Funktionen, d. h. Funktionen, die nicht unter Berufung auf fiskalische Eigentümerrechte inhibiert oder unterlaufen werden dürfen. Die energie- und gemeindewirtschaftsrechtliche Pflicht der Gemeinde, ihre Straßenanlagen (auch) der leitungsgebundenen Energieversorgung zur Verfügung zu stellen bzw. zu deren Zwecken zu nutzen, findet ihre Grenzen allein an den Verträglichkeitsgrenzen des Straßenrechts selbst (Straßenbaulast und Verkehrssicherheit als Grenze der Straßennutzung), nicht aber an einem Straßeneigentum, das die Gemeinde allein oder primär fiskalisch, d. h. ohne Rücksicht auf ihre öffentlichen (Energieversorgungs-)Aufgaben nutzte.

Die dualistische Struktur des Straßenrechts im weiteren Sinne (Straßenbaulast und Straßeneigentum) funktioniert komplett demgemäß nur dort, wo Straßeneigentum und Straßenbaulast trägerschaftlich auseinanderfallen (das Straßeneigentum Privater steht neben der kommunalen Straßenbaulast). Wo Straßeneigentum und Straßenbaulast jedoch in der Person der kommunalen Gebietskörperschaft zusammenfallen, dort ist vorrangig der *funktionale Zusammenhang von straßenrechtlicher und sonstiger öffentlicher Verantwortung der Gemeinde* maßgebend. Soweit dieser es toleriert, ist die Gemeinde befugt, ihr Straßeneigentum *zusätzlich* zu Zwecken zu nutzen, die außerhalb ihrer allgemeinen öffentlichen Aufgaben liegen. Für speziell fiskalische Zwecke bestätigt sich insofern die Erkenntnis, daß die Gemeinde solche Zwecke nur *akzidentiell* zu ihren öffentlichen Aufgaben, nicht aber als Hauptzweck bzw. gar als

---

[4] Vgl. Gemeindliche Daseinsvorsorge und gewerbliche Unternehmerinitiative, S. 34.

ihrer Öffentlichkeitsverantwortung abträglichen Gegenzweck verfolgen darf.

Diese Grundsätze sind auch für das straßenrechtliche Verhältnis von Gemeinde und regionalen Energieversorgungsunternehmen maßgeblich.

2. Anspruch regionaler Energieversorgungsunternehmen auf Nutzung der kommunalen Straßen?

Will ein regionales Energieversorgungsunternehmen das gemeindliche Straßengelände für seine Leitungssysteme nutzen, so bedarf es der eigentümerischen Zustimmung und der Sondernutzungserlaubnis bzw. eines konkludenten Negativattests, daß der Gemeingebrauch nicht überschritten wird bzw. die Grenzen des u. a. in § 8 X BFStrG niedergelegten Spezialgrundsatzes gewahrt sind („Die Einräumung von Rechten zur Benutzung des Eigentums ... richtet sich nach bürgerlichem Recht, wenn sie den Gemeingebrauch nicht beeinträchtigt, wobei eine Beeinträchtigung von nur kurzer Dauer für Zwecke der öffentlichen Versorgung außer Betracht bleibt." — § 8 X BFStrG).

Dieser Zustimmung der Gemeinde bzw. gemeindlichen Sondernutzungserlaubnis etc. bedarf es auch für den Fall der (begehrten) Verlängerung eines bestehenden Konzessionsvertrages. Hieran schließt sich die Frage an, ob dem privaten Energieversorgungsunternehmen gegebenenfalls ein Rechtsanspruch auf Zustimmung und Sondernutzungserlaubnis zustehen kann. Die überwiegende Meinung verneint einen solchen Anspruch, wobei das Thema der eigentümerischen Zustimmung praktisch nicht diskutiert wird. Offenkundig geht man hierbei entweder davon aus, daß diese Zustimmung ohnehin im Dienste der (gegebenenfalls zu erteilenden) Sondernutzungserlaubnis stehe, oder man geht davon aus, daß das (gegebenenfalls zu konstatierende) Fehlen eines Rechtsanspruchs auf Erteilung der Sondernutzungserlaubnis auch die (privatautonome?) Verfügungsbefugnis der Gemeinde als Straßeneigentümerin mit umschließe. Rechtlich überzeugungskräftig wäre hierbei freilich allein die erste Argumentationsvariante. Denn wenn die Gemeinde die Sondernutzungserlaubnis gegebenenfalls kraft gesicherten Rechtsanspruchs Privaten zu erteilen hat, so darf sie der Erfüllung dieses Anspruchs auch unter Berufung auf ihr Straßeneigentum nicht ausweichen[5]. Wie verhält es sich aber in denjenigen Fällen, in denen es keiner besonderen Sondernutzung bedarf, also nur die eigentümerische Zustimmung der Gemeinde erforderlich ist? Laut Straßenrecht ist die Gemeinde insoweit in ihrer Entscheidung zunächst frei; die Schlußfolgerung

---
[5] Anders steht es naturgemäß hinsichtlich eines Straßeneigentums Dritter; hier würde nur die Enteignung helfen (vgl. näher u. a. Kodal, Straßenrecht, 2. Aufl. 1964, Versorgungsleitungen Erl. III).

liegt demnach nahe, daß die Gemeinde privatautonom, d. h. den Grundsätzen der bürgerlich-rechtlichen Vertragsfreiheit gemäß, frei entscheiden darf; und die weitere Konsequenz dessen hieße, daß dem privaten Energieversorgungsunternehmen kein Anspruch auf Zustimmung zur Nutzung des gemeindlichen Straßeneigentums zustünde. Ob eine solche Argumentation jedoch wirklich schlüssig ist, sieht sich vorerst noch ungeklärt.

Nähere Überlegungen zu dieser Frage haben bisher, soweit ersichtlich, nur Biedenkopf-Kellmann angestellt[6]. Beide erkennen, daß die privatrechtliche Seite angesichts des Wegemonopols der Gemeinde von der öffentlich-rechtlichen Seite nicht getrennt werden kann, und daß aus dem (privatrechtlichen) Mißbrauch der gemeindlichen Monopolstellung ein Kontrahierungszwang gemäß § 826 BGB folgen kann[7]. Aus dem funktionellen Zusammenhang von privatrechtlichem Straßeneigentum und öffentlich-rechtlichem Straßenrecht schließen Biedenkopf-Kellmann folgerichtig, „daß die faktische Monopolstellung der Gemeinden nicht nur ‚privat-‘, sondern auch ‚öffentlich-‘rechtlich zu einem ‚Kontrahierungszwang‘, d. h. zum Zulassungszwang führt, sofern nicht rechtlich anerkannte (im vorliegenden Fall spezifisch wegerechtliche) Gesichtspunkte eine andere Beurteilung rechtfertigen"[8]. Dieser Auffassung ist zuzustimmen, sofern die öffentlich-rechtliche (straßenrechtliche) Seite tatsächlich in einen derart engen Zusammenhang mit dem Recht des privaten Monopolmißbrauchs gestellt werden kann.

Zur Beantwortung dieser Frage bedarf es folgerichtig zuerst der Klärung der Frage, unter welchen Voraussetzungen ein Rechtsanspruch des privaten Energieversorgungsunternehmens auf Erteilung einer straßenrechtlichen Sondernutzungserlaubnis überhaupt entstehen kann. Denn das private Vertragsrecht kann der Gemeinde umgekehrt sicher nicht mehr Pflichten auferlegen, als dies das öffentliche Straßenrecht gegebenenfalls zu tun imstande ist.

Die Erteilung der Sondernutzungserlaubnis bildet einen Verwaltungsakt, auf den der Begünstigte nach überwiegender Meinung keinen subjektiv-öffentlich-rechtlichen Anspruch hat[9]. Die Erteilung der Sonder-

---

[6] Vgl. Die wege- und kartellrechtliche Problematik der Verlegung von Energieversorgungsleitungen für den Eigenbedarf, S. 11 f.

[7] Vgl. S. 11 f.; zur Bindung gerade gemeindlicher Einrichtungen an das Prinzip des Monopolmißbrauchs gem. § 826 BGB vgl. eingehend bereits R. Scholz, Gemeindliche öffentliche Einrichtungen, S. 225 ff.

[8] Vgl. S. 12; s. dagegen aber auch, mit der Berufung auf die Enteignungsmöglichkeit des § 11 EnWG jedoch zu eng argumentierend Lukes, Benutzung öffentlicher Wege, S. 36.

[9] Vgl. z. B. BVerwG, MDR 70, 1039 (1040); Lukes, S. 38 ff.; Köttgen, Gemeindliche Daseinsvorsorge und gewerbliche Unternehmerinitiative, S. 20, 37; Bullinger, Die Mineralölfernleitungen, 1962, S. 41; Stern, VVDStRL 21, 220 ff.; Marschall, Bundesfernstraßengesetz, 3. Aufl. 1971, § 10 Anm. 3.1. und 3.2.

2. Anspruch auf Nutzung kommunaler Straßen?

nutzungserlaubnis steht hiernach im pflichtgemäßen Ermessen der Gemeinde; einer Befugnis, der freilich ein subjektiv-öffentliches Recht des Antragstellers auf fehlerfreie Ermessensausübung korrespondiert[10]. Da es kein absolut ungebundenes Ermessen der öffentlichen Hand geben kann (Ermächtigung nur zu pflichtgemäßem Ermessen), ist dem zuzustimmen: Der Ermessensbefugnis der Gemeinde entspricht das „formelle" subjektive Recht des Antragsstellers auf fehlerfreie Ermessensbetätigung mit der weiteren Maßgabe, daß dieses Ermessen bis auf *eine*, allein rechtmäßige Entscheidungsmöglichkeit zusammenschrumpfen kann („Ermessensschrumpfung auf Null"). In diesem Falle verdichtet sich das „formelle" subjektive Recht auf fehlerfreie Ermessensbetätigung faktisch auch zum „materiellen" Anspruch auf Entscheidung in diesem einen, den Privaten gegebenenfalls begünstigenden Sinne.

Maßgebende und legitime Ermessensmaßstäbe bilden im hiesigen Zusammenhang:

(1) das Straßenrecht selbst;

(2) das Straßenverkehrsrecht;

(3) sonstige, vor allem polizeiliche Ordnungsaspekte, eingeschlossen die Verkehrssicherheit im übrigen;

(4) die übrigen öffentlichen Aufgaben der Gemeinde, soweit diese mit dem Mehrzweckinstitut öffentlicher Weg zusammenhängen bzw. insoweit, wie der öffentliche Weg diesen zu dienen bestimmt ist (öffentlicher Weg als Verwaltungsmittel).

Von hier entscheidender Bedeutung sind die Ermessensmaßstäbe zu (4). Denn zu ihnen gehören auch die Funktionsaufträge des Gemeindewirtschaftsrechts und des Energiewirtschaftsrechts. Die Gemeinde erfüllt ihre daseinsvorsorgerisch versorgungspolitischen Aufgaben auf dem Gebiete der leitungsgebundenen Energieversorgung vornehmlich über das sächliche Verwaltungsmittel des öffentlichen Wegs. Sofern die Erfüllung dieser Aufgaben die Erteilung einer Sondernutzungserlaubnis fordert, und sofern sich aus der Sicht des Straßenrechts bzw. der anderen zu (2) und (3) genannten Ermessensmaßstäbe keine gegenteiligen Gründe ergeben, *muß* die Gemeinde demgemäß eine Sondernutzungserlaubnis zur Verlegung oder auch zum Fortbestand bereits verlegter Leitungssysteme erteilen. Insofern kann konsequent auch ein subjektiv-öffentliches Recht zugunsten eines regionalen Energieversorgungsunternehmens auf Erteilung oder auch Verlängerung einer solchen Sondernutzungserlaubnis entstehen[11]. Für diejenigen Fälle, in denen es keiner

---

[10] Vgl. u. a. Stern, VVDStRL 21, 220 ff.; Köttgen, Daseinsvorsorge, S. 20, 37; s. auch Lukes, S. 40 ff.

[11] Vgl. auch Biedenkopf - Kellmann, S. 12.

derartigen Sondernutzungserlaubnis bedarf, kann nichts anderes gelten. Sofern die Gemeinde nicht aus Gründen ihrer eigentümerischen Position zur Versagung einer Nutzung berechtigt ist, muß sie auch hier die Zustimmung erteilen. Denn öffentlich-rechtliche (insbesondere straßenrechtliche) Verweigerungsgründe stehen ihr insoweit nicht offen.

Auf der Grundlage dieser Einsicht löst sich auch die Problematik der privatrechtlich-eigentümerischen Verfügungsbefugnis. Mit Biedenkopf-Kellmann[12] sind insoweit die Grundsätze des *Kontrahierungszwanges gemäß § 826 BGB* als maßgebend zu erkennen. Denn wenn die Gemeinde kraft öffentlichen Rechts bzw. aufgrund ihrer öffentlichen Straßen-, Ordnungs- und Versorgungsverantwortung zur Genehmigung oder Duldung von Versorgungsleitungen verpflichtet ist, handelte sie rechts- und sittenwidrig, wenn sie ihr privatrechtliches Wegemonopol zur Umgehung dieser öffentlich-rechtlichen Verpflichtung mißbrauchte[13].

3. Zwischenbilanz

Die Untersuchung der straßenrechtlichen Grundlagen fügt sich nach alledem in das dargestellte System des Energiewirtschafts- und Gemeindewirtschaftsrechts ein. Das Straßenrecht erweist sich als faktisch entscheidende, funktionsrechtlich aber den Zielsetzungen von Energiewirtschafts- und Gemeindewirtschaftsrecht mitverpflichtete Rechtsgrundlage. Aus der Summe aller vorgenannten Rechtsgrundlagen ergibt sich unter den jeweils dargestellten Voraussetzungen, daß ein subjektives Recht regionaler Energieversorgungsunternehmen auf Weiterführung der von ihnen bis zur Gebietsreform ausgeübten Energieversorgung auch für die Zeit nach der Gebietsreform bzw. gegenüber neu gebildeten oder veränderten kommunalen Gebietskörperschaften bestehen oder doch künftig entstehen kann. Die konkreten Voraussetzungen müssen sich freilich im jeweiligen Einzelfall erfüllen. Ein generelles Recht der regionalen Energieversorgungsunternehmen auf Weiterführung ihrer Versorgungstätigkeit läßt sich (abstrakt) nicht nachweisen.

In der weiteren Untersuchung sind nunmehr noch die grundrechtlichen und wettbewerbsrechtlichen Seiten dieser Rechtsstellung der regionalen Energieversorgungsunternehmen gegenüber den kommunalen Gebietskörperschaften zu untersuchen.

---

[12] Vgl. S. 11 f.
[13] Vgl. allgemein hierzu auch bereits R. Scholz, ZHR 132, 139 ff.

VII. Regionale Energieversorgung und Grundrechte

1. Allgemeines

Das Verhältnis von regionaler und kommunaler Energieversorgung ist ein Verhältnis der Konkurrenz — überlagert von den gemeindlichen Kompetenzen des Straßen- und Gemeindewirtschaftsrechts (Konzessionsvertragsautonomie und Wirtschaftsförderung). Wirtschaftsverfassungsrechtlich wird dieses Verhältnis zwischen regionalen Energieversorgungsunternehmen und Gemeinden vor allem durch die Grundrechte als den konkret wirtschaftsverfassenden Ordnungsentscheidungen geprägt[1]. Hier maßgebende Grundrechtsnormen sind die Grundrechtsgewährleistungen der Berufs- und Gewerbefreiheit aus Art. 12 I GG und des Eigentums aus Art. 14 GG. Beide Grundrechtsgewährleistungen schützen auch die Unternehmen der regionalen Energieversorgung bzw. ihre rechtlichen Träger. Zu diesen Grundrechtsgewährleistungen des Art. 12 und des Art. 14 GG tritt gegebenenfalls der allgemeine Gleichheitssatz gemäß Art. 3 I GG, sofern eine Gemeinde im Rahmen ihrer Maßnahmen gegenüber einem Energieversorgungsunternehmen das im Gleichheitssatz angelegte Willkürverbot verletzt. Der eigentliche Schwerpunkt der grundrechtlichen Problematik liegt jedoch, wie erwähnt, im Rahmen der Grundrechte aus Art. 12 und Art. 14 GG.

Fraglich ist zunächst, in welcher Weise sich dieser Grundrechtsschutz gegenüber den in Frage stehenden Konkurrenz- und Wirtschaftsförderungsmaßnahmen der Gemeinde entfalten kann. Die Grundrechte verpflichten alle öffentliche Gewalt, also auch die Gemeinden (Art. 1 III GG). Das bedeutet, daß zunächst jede hoheitliche Betätigung der Gemeinde uneingeschränkt grundrechtspflichtig ist. Darüber hinaus ist auch jedes privatrechtliche Handeln einer Gemeinde grundrechtspflichtig, soweit es nur die äußere Rechtsform einer materiellen Verwaltungsaufgabe (öffentlich-rechtliche Funktion) ist (*Grundrechtsbindung im Verwaltungsprivatrecht*)[2]. Die hier in Frage stehenden Maßnahmen der Gemeinde sind zunächst privatrechtlicher Art, soweit es um die Kündigung oder um die Nichtverlängerung von Konzessionsverträgen

---

[1] Vgl. oben V 2.
[2] Zur letzteren Grundrechtsbindung vgl. z. B. BGHZ 36, 91 (95 ff.); 52, 325 (327 ff.); 65, 284 (287 ff.); BGH, JZ 62, 176 ff.; H. J. Wolff-Bachof, Verwaltungsrecht I, 9. Aufl. 1974, S. 106 ff.; s. auch Emmerich, JuS 70, 332 ff.

geht. Desgleichen kann die Errichtung oder Erweiterung (auch gebietsmäßige Ausdehnung) eines gemeindeeigenen Energieversorgungsunternehmens privatrechtlich gestaltet sein, sofern sich die Gemeinde hierbei der Rechtsformen des privaten Unternehmensrechts (AG, GmbH) und nicht der Rechtsformen des öffentlichen Rechts (nicht-rechtsfähige Anstalt, Eigenbetrieb) bedient. Letzteres wäre jedoch deshalb unerheblich, weil ein solches gemeindeeigenes Energieversorgungsunternehmen auf jeden Fall daseinsvorsorgerische Funktionen wahrnähme und daher auch in der Rechtsform des privatrechtlichen Unternehmens in den Bereich des Verwaltungsprivatrechts fiele, also in jedem Falle an die Grundrechte gebunden wäre.

Schwieriger ist dagegen die Frage, ob auch das Konzessionsvertragsrecht verwaltungsprivatrechtlich zu qualifizieren ist. Wer den Konzessionsvertrag als alleinigen Ausdruck des kommunalen Straßeneigentums und damit als bloße Fiskalnutzung einer vermögensrechtlichen Gemeindeposition zu deuten suchte, wird diese Frage verneinen; er wird zum Ergebnis fiskalischen und damit auch materiell-privatrechtlichen Handelns der Gemeinde gelangen. An diese Festellung hätte sich freilich die weitere Frage anzuschließen, ob die Gemeinde nicht auch als Fiskus an die Grundrechte gebunden ist *(Fiskalgeltung der Grundrechte)*. Ob eine solche Verbindlichkeit der Grundrechte besteht, ist höchst umstritten[3]. Die zugrunde liegende Frage nach den Grenzen grundrechtlicher Verpflichtung auch fiskalischen Handelns kann jedoch offenbleiben, wenn man — mit der hier vertretenen Auffassung — erkennt, daß der Konzessionsvertrag kein Institut materiell-privatrechtlicher (fiskalisch-erwerbswirtschaftlicher) Privatautonomie, sondern ein Mittel der kommunalen Wirtschaftsförderung und damit auch ein Institut des Gemeindewirtschaftsrechts und seiner Selbstverwaltungsaufgaben darstellt. Dies bedeutet nämlich, daß auch die (privatrechtliche) Ausübung der eigentümerischen Gemeindebefugnisse im Rahmen des Straßenrechts funktionell Teil der gemeindlichen Selbstverwaltung und nicht Teil der — gerade nicht selbstverwaltungsrechtlich qualifizierten — fiskalischen Erwerbswirtschaft ist. Es handelt sich hier m. a. W. um keinen Fall des Gemeindefiskus, sondern um einen Fall *prinzipiellen Gemeindeverwaltungsprivatrechts*. Folgerichtig läßt sich auch insofern die Verbindlichkeit der Grundrechte nicht ausschließen.

Weitere Voraussetzung der Anwendung der Grundrechte ist, daß auch *konkurrenzwirtschaftliche Maßnahmen als potentielle Grundrechtseingriffe* qualifizierbar sind. Rechtsprechung und Lehre haben mit der Anerkennung einer solchen Qualifikation lange gezögert; als potentieller

---

[3] Vgl. näher und m. w. Nachw. hierzu bes. Mallmann, VVDStRL 19, 165 ff.; Zeidler, VVDStRL 19, 208 ff.; s. auch Burmeister, DÖV 75, 695 ff.

2. Energieversorgungsunternehmen und Berufsfreiheit

Grundrechtseingriff sollte allein die hoheitliche, rechtlich unmittelbar beeinträchtigende Maßnahme gelten; und im Gegensatz hierzu erweist sich eine Konkurrenzmaßnahme eher als faktische Rechtsbeeinträchtigung. Nach hiesiger[4] und inzwischen auch von der Rechtsprechung des Bundesverfassungsgerichts[5] sowie vom übrigen Schrifttum[6] bereits verbreitet anerkannter Auffassung sind jedoch auch derart faktische Beeinträchtigungen der wirtschaftlichen Rechtssphäre des Bürgers grundrechtlich relevant bzw. ebenso wie der hoheitliche Rechtseingriff uneingeschränkt an den Grundrechten zu messen[7]. Zusammengefaßt bedeutet dies, daß grundsätzlich alle Maßnahmen, die eine Gemeinde zur Regelung von Folgen der Gebietsreform trifft und die die Rechtsstellung von privaten Unternehmen (der regionalen Energieversorgung) tangieren, der Vereinbarkeit mit den Grundrechten, hier speziell also mit denen aus Art. 12 und Art. 14 GG, bedürfen.

2. Regionale Energieversorgungsunternehmen und Schutz von grundrechtlicher Berufs- und Gewerbefreiheit (Art. 12 I GG)

Das Grundrecht des Art. 12 I GG schützt die allgemeine Berufs- und Gewerbefreiheit in Gestalt von freier Berufs- und Gewerbewahl sowie freier Berufs- und Gewerbeausübung. Unter diesen prinzipiellen Schutz fällt auch das private Energieversorgungsunternehmen bzw. sein Träger; denn die Energieversorgung bildet ein in diesem Sinne schutzwürdiges und schutzfähiges Gewerbe, das nicht etwa (bereits) den Rahmen privater Berufs- und Gewerbefreiheit verlassen und in den Bereich staatlich-öffentlich-rechtlicher Funktionen mit der Konsequenz übergewechselt wäre, daß anstelle des Art. 12 I GG Art. 33 GG maßgebend wäre. Weder durch das EnWG noch durch das Konzessionsvertragsrecht ist die private Energieversorgung zum „öffentlichen Dienst" i. S. des Art. 33 GG geworden[8]. Die Unternehmen der privaten Energieversorgung könnten, wegen ihrer funktionsspezifisch besonderen Bindungen und Verantwortlichkeiten gegenüber dem öffentlichem Versorgungsinteresse, allenfalls als *„staatlich gebundene Berufe"*[9], ähnlich wie die Un-

---

[4] Vgl. bereits R. Scholz, ZHR 132, 101; ders., AöR 97, 301 (305 f.); ders., in: Der Staatssektor in der sozialen Marktwirtschaft, S. 132.
[5] Vgl. grundlegend das Urteil des Bundesverfassungsgerichts zur Verfassungsmäßigkeit der Arbeitnehmerkammern (grundrechtsrelevante Konkurrenz für die durch Art. 9 III GG geschützten Koalitionen des kollektiven Arbeitsrechts?): BVerfGE 38, 281 (302 ff.).
[6] Vgl. bes. Leisner, Sozialversicherung und Privatversicherung, 1974, S. 128 ff., 141 ff.; Isensee, Umverteilung durch Sozialversicherungsbeiträge, 1973, S. 71 ff.; Hoffmann - Becking, Wolff-Festschrift, S. 457 ff.
[7] Dezidiert a. A. vgl. allerdings auch Bettermann, Hirsch-Festschrift, S. 11 ff.
[8] s. bereits oben II 2, 3.
[9] Zu dieser Begriffsfigur s. BVerfGE 7, 377 (398); 16, 6 (21 ff.); 17, 371 (377 ff.).

ternehmen der Mineralölindustrie hinsichtlich deren energiepolitischer Bevorratungspflicht[10], verstanden werden. Eine solche Qualifikation änderte an der grundsätzlichen Maßgeblichkeit des Art. 12 I GG jedoch nichts[11].

Die durch Art. 12 I GG geschützte Freiheit von Berufs- und Gewerbewahl sowie Berufs- und Gewerbeausübung unterliegt nach Art. 12 I 2 GG allerdings der Einschränkung, und zwar in gestufter Form je nach gegebener Eingriffsintensität: Einschränkungen der freien Berufsausübung duldet Art. 12 I GG bereits, wenn diese durch „vernünftige Erwägungen des Gemeinwohls" im Rahmen des Übermaßverbots gerechtfertigt werden; Einschränkungen der freien Berufswahl gestattet Art. 12 I GG dagegen nur zum Schutze „besonders wichtiger" bzw. „überragend wichtiger Gemeinschaftsgüter"[12].

Einschränkungen der Freiheit privater Energieversorgung, wie sie hier in Frage stehen, bewegen sich zunächst und grundsätzlich auf der *Ebene der Berufsausübung*. Etwas anderes würde nur dann gelten, wenn die kommunale Gebietsreform allgemein zum Ziel oder doch zur typischen Folge hätte, die private Energieversorgung generell zu kommunalisieren. In diesem Falle wäre die Freiheit der Berufswahl berührt; und die verfassungsrechtliche Schlußfolgerung könnte angesichts der funktionsfähigen Strukturen der heutigen regionalen Energieversorgung nur die der Verfassungswidrigkeit sein. Denn in diesem Fall nutzten die Gemeinden ihr Wegemonopol zur Monopolisierung der Energieversorgung aus. Das Privatgewerbe „leitungsgebundene Energieversorgung" wäre faktisch unmöglich geworden. Für die legitime Begründung öffentlicher Monopolstellungen fordert das Bundesverfassungsgericht mit Recht, daß die Voraussetzungen einer objektiven Beschränkung der freien Berufswahl erfüllt sind (Abwehr einer „nachweisbaren oder höchstwahrscheinlichen schweren Gefahr für ein überragend wichtiges Gemeinschaftsgut")[13]. Daß die Sicherung der Energieversorgung ein derart bedeutsames Gemeinschaftsgut darstellt, bedarf kaum näherer Begründung. Eine entsprechende Gefährdung dieses Gemeinschaftsguts ist jedoch nicht ersichtlich. Im Gegenteil, gerade eine einseitige Kommuna-

---

[10] Zu dieser s. BVerfGE 30, 292 (310 ff.); Ipsen, AöR 90, 393 ff.; Steiner, Öffentliche Verwaltung durch Private, 1975, S. 198 ff.; R. Scholz, (unveröff.) Rechtsgutachten zur Verfassungsmäßigkeit des Gesetzes über Mindestvorräte an Erdölerzeugnissen i. d. F. vom 4. 9. 1975 (BGBl I S. 2471) — Bevorratungsgesetz — und zur Verfassungsmäßigkeit neuer Änderungsbestrebungen zur Bevorratungsgesetzgebung, 1976.

[11] Vgl. BVerfGE 7, 398; 16, 21 ff.; 17, 377 ff.

[12] Vgl. grundlegend BVerfGE 7, 377 (405 ff.).

[13] Vgl. BVerfGE 21, 245 (249 ff.); zur diesbezüglichen Problematik öffentlicher Monopole s. weiterhin bes. Bettermann, WiR 1973, 184 ff., 241 ff.; Badura, Das Verwaltungsmonopol, 1963, S. 310 ff.; Obermayer - Steiner, NJW 69, 1457 ff.; R. Scholz, Sieg-Festschrift, S. 520 ff.

2. Energieversorgungsunternehmen und Berufsfreiheit

lisierung der örtlichen Energieversorgung kann diese in ihrem auf transkommunale Konzentration und regionale Verbundwirtschaft maßgebend angewiesenen Bestand ernsthaft bedrohen.

Im übrigen verfolgen weder die kommunale Gebietsreform bzw. deren Zielsetzungen noch deren typische Folgen derartige Intentionen, so daß eine Verletzung der freien Berufswahl insoweit ausscheidet.

Zu berücksichtigen bleiben freilich noch weitere Aspekte: Wenn die Gemeinden ihr Wegemonopol den privaten Energieversorgungsunternehmen gegenüber in Gestalt einer solchen Konzessionsvertragspolitik nutzten, daß den privaten Energieversorgungsunternehmen angesichts der ihnen auferlegten (restringenten) Konditionen eine wirtschaftlich sinnvolle und versorgungsmäßig intakte Betätigung faktisch unmöglich gemacht werden würde, so wäre dennoch die Freiheit der Berufswahl tangiert. Ein solcher Fall gliche wirkungsmäßig und damit auch rechtlich den Fällen der sog. „Erdrosselungsabgabe", derzufolge die Ergreifung und Ausübung einzelner Privatgewerbe oder Berufe durch die Auferlegung übermäßiger existenzvernichtender Abgabelasten faktisch unmöglich gemacht wird. So, wie Abgabepflichten dieser Art prinzipiell verfassungswidrig sind[14], so wäre dies auch eine Konzessionsvertragspolitik, die vergleichbare Wirkungen auf seiten der regionalen Energieversorgungsunternehmen auslöste. Für das Vorliegen derartiger Konzessionsvertragspraktiken findet sich, zumindest derzeit, jedoch kein Indiz.

Soweit eine Gemeinde nach der Gebietsreform die örtliche Energieversorgung zu Lasten der regionalen Energieversorgung in eigene Regie nimmt, wird das betreffende Unternehmen der privaten Energieversorgung zwar vom örtlichen Markt ausgeschlossen. Seine Freiheit der Berufswahl wird damit jedoch noch nicht in verfassungswidriger Weise beeinträchtigt. Denn Art. 12 I GG schützt die Privatwirtschaft nicht vor der Konkurrenz der öffentlichen Hand. Art. 12 I GG garantiert der Privatwirtschaft weder die ausschließliche noch eine vorrangige Marktbetätigungschance. Da die grundgesetzliche Wirtschaftsverfassung die Wirtschaftsbetätigung der öffentlichen Hand nicht als solche verneint, kann auch das Grundrecht des Art. 12 I GG keinen vergleichbaren Schutzanspruch des Privaten vor staatlicher Konkurrenz konstituieren[15]. Art. 12 I GG gewährleistet dem Privaten daher auch keinen Schutz von Erwerbs- oder Marktchancen, von Marktanteilen oder konkreten Betäti-

---

[14] Vgl. BVerfGE 13, 181 (186 ff.); 16, 147 (165); 29, 327 (331); 30, 250 (272); 31, 8 (17, 23); 36, 321 (333); 14, 76 (99); 38, 61 (80 f.); Selmer, Steuerinterventionismus und Verfassungsrecht, 1972, S. 255 ff.; Knies, Steuerzweck und Steuerbegriff, 1976, S. 147 f.
[15] Vgl. BVerwGE 39, 329 (336 f.); BayVGH, JZ 76, 641 (643); Püttner, Die öffentlichen Unternehmen, S. 141 ff.; Lerche, JurA 1970 (ÖR II), S. 29; Bettermann, Hirsch-Festschrift, S. 11 ff.

gungspositionen[16]. Demgemäß schützt Art. 12 I GG schon gewährleistungsmäßig kein regionales Energieversorgungsunternehmen vor der Verdrängung vom einzelnen örtlichen Energieversorgungsmarkt.

Hinter dieser Feststellung steht allerdings eine Betrachtungsweise, die für das Grundrecht des Art. 12 I GG charakteristisch ist und die grundrechtlich gerade dem einzelnen in seiner „individuellen Betroffenheit" nur begrenzten Grundrechtsschutz vermittelt:

Die Garantie der Berufsfreiheit orientiert sich maßgebend nämlich an bestimmten Berufsbildern und an deren typischem Schutz bzw. an deren typischer Betroffenheit. Demgemäß stellt das Bundesverfassungsgericht weithin nicht auf die individuelle Betroffenheit eines einzelnen Berufsträgers oder Gewerbetreibenden, sondern allein auf die *generelle Betroffenheit aller typischerweise dem betreffenden Beruf oder Berufsbild zugehörigen Personen* ab[17]. So führt das Bundesverfassungsgericht z. B. in seinem Mineralölbevorratungsurteil aus, daß eine Verletzung des Art. 12 I GG gegenüber den zur unentgeltlichen Erdölbevorratung verpflichteten Unternehmen erst dann gegeben sei, wenn „die Pflicht zur Vorratshaltung typischerweise zur Folge hätte, die Mineralölimporthändler generell zur Aufgabe ihres Berufs zu nötigen"[18]. Entsprechend würde das Bundesverfassungsgericht im vorliegenden Fall argumentieren: Ein Eingriff in das Recht der freien Berufswahl der privaten Energieversorgungsunternehmer könnte erst dann in Betracht kommen, wenn die kommunale Gebietsreform und ihre Folgen *typischerweise* die Konsequenz hätten, daß die betreffenden Unternehmer *generell* zur Aufgabe ihres Berufs (Gewerbes) genötigt werden würden. Von einer solchen typischen und generellen Folgewirkung kann indessen nicht die Rede sein. Entsprechende Gefahren scheinen zwar in allgemeinerer Form akut zu sein; eine generelle und typische Wirkung dieser Art läßt sich als solche jedenfalls nicht oder doch vorerst nicht dartun.

Gegen dieses *„generalisierende" Eingriffsverständnis* des Bundesverfassungsgerichts zu Art. 12 GG ist allerdings eingewandt worden, daß es die grundrechtliche Prinzipalgewährleistung von Individualrechten und das aus ihr resultierende Gebot gerade eingriffsrechtlicher *„Individualisierung"* mißachte[19]. Diese Kritik trifft indessen nur teilweise zu. Un-

---

[16] Vgl. BVerfGE 7, 408; 11, 168 (189); 16, 147 (164 ff.); 24, 236 (251); 31, 8 (31); 34, 252 (256); 40, 196 (218 ff.); BVerwGE 39, 336 f.; Grupp, ZHR 140, 384 ff.; Püttner, Unternehmen, S. 155 f.; H. Klein, Teilnahme des Staates, S. 229.

[17] Vgl. BVerfGE 30, 292 (314 f.); 33, 171 (188 f.); 36, 383 (400); 37, 1 (22); 38, 61 (95); 40, 196 (224).

[18] BVerfGE 30, 315.

[19] Vgl. bes. Selmer, DÖV 72, 551 ff.; zum Verhältnis von Grundrechten und Typisierung allgemein vgl. bes. Isensee, Die typisierende Verwaltung, 1975, S. 125 ff.

2. Energieversorgungsunternehmen und Berufsfreiheit

berechtigt ist sie insofern, als Art. 12 I GG in der Regel eben nur berufstypische Eingriffe abwehrt bzw. seine Gewährleistung auf die Kontrolle entsprechend genereller Eingriffsfolgen, seinem generalisierten Gewährleistungsgegenstand entsprechend, beschränkt. Berechtigt ist jene Kritik dagegen in anderer Richtung: nämlich insofern, als jene zitierte Rechtsprechung des Bundesverfassungsgerichts nicht nur die „Eingriffsindividualisierung" im Rahmen des Art. 12 I GG ablehnt, sondern sich gleichzeitig auch weigert, die — in der Regel parallel betroffene — Eigentumsgarantie des Art. 14 GG als individualrechtliches bzw. zu „individualisierendes" Kontrollkorrektiv zu begreifen. Das Bundesverfassungsgericht verkennt hierbei nämlich das Verhältnis der Grundrechte aus Art. 12 und Art. 14 GG[20]. Es verkürzt damit — zu Unrecht — den grundrechtlichen Schutz von solchen Rechtspositionen, die aus der Sicht des Art. 12 I GG zwar atypisch und allein „individual" beschaffen sind, die als solche aber und dennoch in einer nach Art. 14 GG eigentumsrechtlich relevanten Weise eingriffsbetroffen sind. Auf die Weiterungen dessen wird im Kontext zu Art. 14 GG zurückzukommen sein[21].

Grundrechtlichen Schutz aus Art. 12 I GG kann die regionale Energieversorgung demgemäß und prinzipiell nur auf der Gewährleistungsstufe der *freien Berufsausübung* erlangen. Wenn ein regionales Energieversorgungsunternehmen von gemeindlichen Folgemaßnahmen nach der Gebietsreform von der örtlichen Energieversorgung ausgeschlossen wird, so ist es objektiv in seiner freien Berufsausübung betroffen. Fraglich ist allein, ob diese Betroffenheit legitimiert ist, d. h. durch einen entsprechenden Gemeinwohlgrund und durch die Grundsätze des Übermaßverbots gerechtfertigt wird.

Gemeinwohlmäßig legitimierend sind unzweifelhaft öffentliche Energieversorgungszwecke bzw. „öffentliche Zwecke" i. S. des Gemeindewirtschaftsrechts. Nicht legitim wären dagegen Konkurrenzzwecke, die allein erwerbswirtschaftlich motiviert wären[22]. Zu solchen Maßnahmen bzw. derart motivierten Beschränkungen privater Energieversorgungsunternehmen ist die Gemeinde weder aus der Sicht des Gemeindewirtschaftsrechts[23] noch aus der des Art. 12 I GG berechtigt. Legitim sind dagegen Maßnahmen der Gemeinde, die der Sicherung oder Verbesserung der örtlichen Energieversorgung dienen. Gerechtfertigte Maßnahmen dieser Art werden im vorliegenden Zusammenhang — angesichts der ökonomischen und sozialen Optimalität gerade regional-verbundwirtschaftlicher Funktionsstrukturen innerhalb der Energieversorgung — indessen die Ausnahme bilden. Sind solche Ausnahmen jedoch dargetan, so ist wei-

---
[20] s. hierzu noch weiter unten sub 3.
[21] s. anschließend sub 3.
[22] Vgl. richtig z. B. Grupp, ZHR 140, 384.
[23] s. oben V 4.

tere Voraussetzung für die Verfassungskonformität die Wahrung der Grundsätze des *Übermaßverbots*.

Der Teilgrundsatz der Erforderlichkeit gibt dabei kaum Fragezeichen auf; denn mit dem Ziel einer Verbesserung der örtlichen Energieversorgung wäre in aller Regel auch das Erfordernis der jeweils zur Erreichung dieses Ziels eingesetzten Maßnahme dargetan. Anders steht es dagegen mit dem Grundsatz der Verhältnismäßigkeit des Mittels als zweiter Teilkomponente des verfassungsrechtlichen Übermaßverbots. Hiernach ist gefordert, daß die von der Gemeinde mit dem (potentiellen) Ausschluß eines privaten Energieversorgungsunternehmens von der örtlichen Energieversorgung angestellte Verbesserung dieser Versorgung die Verhältnismäßigkeit zum Effekt des Ausschlusses jenes Privatunternehmens wahrt.

Bei der Erfüllung dieser Forderung sind nunmehr sowohl die Besonderheiten des Verhältnismäßigkeitsgrundsatzes im sozialen Rechtsstaat als auch die strukturellen Grundanlagen der Energiewirtschaft zu beachten:

Wie bereits an anderer Stelle dargetan[24], entwickelt der Verhältnismäßigkeitsgrundsatz neben seiner rechtsstaatlichen Funktion der Abwehr von Grundrechtseingriffen *(Funktion der statusnegativen Eingriffswehr)* auch eine sozialstaatliche Funktion in Form eines Leistungsrechts, gerichtet auf Kompensation des vom Privaten zu duldenden Rechtseingriffs *(Funktion der statuspositiven Eingriffskompensation)*. Diese letztere, *sozialstaatliche Dimension des Verhältnismäßigkeitsgrundsatzes* wird vor allem dort wirksam, wo der Staat aus Gründen eines bestimmten sozial- oder wirtschaftspolitischen Erfordernisses, d. h. in sozialstaatlich prinzipiell legitimierter Form, private Autonomiebereiche durch die Begründung oder Übernahme eigener (Wirtschafts-) Zuständigkeiten funktionell beschneidet. In solchen Fällen kann der Staat verpflichtet sein, derartige Autonomie- oder Funktionsverluste des Privaten durch anderweitige Funktionsgewähr zu kompensieren. Denn das funktionell beschnittene Freiheitsrecht des Privaten — hier also das Recht der freien Berufsausübung — kann sich im Lichte des Sozialstaatsprinzips insoweit zum partiellen Teilhaberecht an der neuen oder erweiterten Staats- bzw. Gemeindefunktion umwandeln; dies zumindest dann, wenn der betroffene Funktionsbereich derartiger kompensatorischer Funktionsgewähr inhaltlich zugänglich ist. Diese letztere Voraussetzung wird wiederum und vorrangig von solchen Funktionsbereichen erfüllt, die ohnehin sowohl die staatliche oder gemeindliche als auch die private Funktionsteilhabe kennen bzw. gar von vornherein

---

[24] Vgl. R. Scholz, Paritätische Mitbestimmung und Grundgesetz, 1974, S. 110 ff.; ders., Sieg-Festschrift, S. 524 ff.

2. Energieversorgungsunternehmen und Berufsfreiheit

auf kooperativen Funktionsmustern zwischen Staat bzw. Gemeinde und Privaten aufbauen. Ein hervorragendes Beispiel hierfür bildet z. B. das Recht der Versicherungswirtschaft (kooperative Versicherungsverfassung)[25]. Ein anderes, ebenso typisches Beispiel nennt der hiesige Bereich von Daseinsvorsorge und öffentlicher Energieversorgung. Dieser Bereich ist seit jeher kooperativ (gemischt-wirtschaftlich) organisiert; und dies bedeutet, daß das sozialstaatliche Kompensationsgebot sich nahtlos in die vorgegebenen Strukturen wie Traditionen des betroffenen Funktionssektors einfügt.

Die hieraus für die hiesige Problemstellung konkret zu ziehende Konsequenz lautet: Wenn eine kommunale Gebietskörperschaft sich — nach Maßnahmen der kommunalen Gebietsreform oder auch sonst — veranlaßt sieht, die örtliche Energieversorgung durch die Übernahme eigener Unternehmensverantwortung bei Zurückdrängung oder Ausschluß bisher zuständiger Privateinrichtungen (hier der regionalen Energieversorgung) funktionell zu verbessern, so muß dies in *verhältnismäßiger* Weise geschehen. Das Gebot *statusnegativer Verhältnismäßigkeit* führt angesichts des mit ihm verbundenen Entweder-Oder gemeindlicher Zuständigkeitsbegründung bzw. -erweiterung nicht wesentlich weiter; denn über das gegebenenfalls wirksame Erfordernis der gemeindlichen Eigeninitiative führt dies kaum hinweg und dessen logische Folgerung kann wiederum, angesichts der monopolistischen Struktur der leitungsgebundenen Energieversorgung allgemein, nur der Ausschluß der privaten Energieversorgungsunternehmen sein. Das Gebot *statuspositiver Verhältnismäßigkeit* steht dagegen vor keinem derartigen Dilemma. Sein Inhalt weist vielmehr auf eine konfliktfreie Lösung hin, d. h. auf eine wirklich verfassungs- und funktionskonforme Versöhnung von öffentlichen und privaten Unternehmensinteressen: Die Gemeinde muß demgemäß, auch wenn sie unter dem Aspekt der Erforderlichkeit zunächst legitimermaßen eine energiewirtschaftliche Versorgungszuständigkeit übernimmt, die Kooperation mit den privaten Energieversorgungsunternehmen suchen. Sie muß diese, wenn nicht schon von vornherein beabsichtigt, so jedenfalls doch kompensatorisch an der örtlichen Energieversorgung beteiligen, wenn die gemeindliche Maßnahme zunächst geeignet ist, bestehende Kooperationsformen oder bestehende Zuständigkeiten der regionalen Energieversorgungsunternehmen zu beseitigen. Die Gemeinde muß auch jetzt die Zusammenarbeit mit diesen Privatunternehmen suchen bzw. diesen die Kooperation auch auf der Grundlage einer zuvor entschiedenen gemeindlichen Eigenverantwortung offerieren.

Praktisch bedeutet dies, daß auch aus der Sicht des Art. 12 I GG der einseitige Ausschluß bzw. die unbeschränkte Verdrängung bisher zu-

---
[25] Vgl. näher hierzu bereits R. Scholz, Sieg-Festschrift, S. 523 ff.

ständiger und funktionsmäßig intakter regionaler Energieversorgungsunternehmen vom kommunal-örtlichen Versorgungsmarkt in der Regel unstatthaft ist. Die Untersuchung zu Art. 12 I GG bestätigt insoweit auch von Verfassungs wegen die zum einfachen Gesetzesrecht (Energiewirtschaftsrecht, Gemeindewirtschaftsrecht, Straßenrecht) gefundenen Ergebnisse.

Aus Art. 12 I GG folgt andererseits kein Anspruch privater Energieversorgungsunternehmen auf Abschluß oder Verlängerung bestimmter Konzessionsverträge. Insofern bleibt die Gemeinde selbst aus der Sicht des Verfassungsgrundsatzes der Verhältnismäßigkeit ermessensmäßig prinzipiell freier Zuständigkeitsträger. Die Gemeinde entscheidet über die Form und die Inhalte der konkret offerierten Kompensation grundsätzlich selbst. Denn die Forderung nach kompensatorischer Kooperation ist aus verfassungsrechtlicher Sicht notwendig konkretisierungsbedürftig; das Verfassungsrecht — Art. 12 I GG eingeschlossen — vermittelt keine konkreten Verhaltensanleitungen für den Einzelfall. Die aus dem einfachen Gesetzesrecht konkret vorgezeichneten Lösungswege erweisen sich aus der Sicht des Art. 12 I GG aber und jedenfalls als verfassungskonform.

3. Regionale Energieversorgungsunternehmen und Schutz der grundrechtlichen Eigentumsgarantie (Art. 14 GG)

Die Eigentumsgarantie des Art. 14 GG schützt prinzipiell jedes vermögenswerte (private) Recht, die freie und privatnützige Verfügung über dieses Recht und die freie Disposition über den sachlichen, wirtschaftlichen oder sonstigen Nutzen dieses Rechts eingeschlossen[26]. Die verfassungsrechtliche Eigentumsgewährleistung umfaßt damit auch das Recht am Unternehmen bzw. das Recht am eingerichteten und ausgeübten Gewerbebetrieb[27]. Im einzelnen umfaßt dieses Recht vor allem den substantiellen Bestand des Unternehmens (Gewerbebetriebs) und seiner Einrichtungen, Nutzungs- sowie Dispositionsmöglichkeiten[28]. Diesen Schutz genießt auch das regionale Energieversorgungsunternehmen; und zur verfassungsgeschützten Substanz seines Gewerbebetriebs gehören auch seine Leitungsanlagen[29]. Nicht von Art. 14 I GG geschützt wer-

---

[26] Vgl. u. a. BVerfGE 20, 351 (355 f.); 26, 215 (222); 31, 229 (240 f.); BGHZ 6, 270 (278 f.); 54, 293 (295); Maunz - Dürig - Herzog - Scholz, GG, Art. 14 Rdnr. 32 f.

[27] Vgl. u. a. BVerfGE 1, 264 (277); 13, 225 (229); BVerwGE 3, 254 (256); BGHZ 23, 157 (162 ff.); 45, 83 (87 ff.); 49, 231 (236 ff.).

[28] Vgl. näher und m. w. Nachw. hierzu bes. Buchner, Die Bedeutung des Rechts am eingerichteten und ausgeübten Gewerbebetrieb für den deliktsrechtlichen Unternehmensschutz, 1971, S. 75 ff., 118 ff., 135 ff.

[29] s. auch BGH, VersR 76, 757 (758 f.) zum Schutz einer Hochspannungsleitung.

3. Energieversorgungsunternehmen und Eigentumsgarantie

den dagegen „bloße Gewinnchancen, Zukunftshoffnungen oder sonstige Erwartungen und Aussichten"[30]. Das gleiche gilt hinsichtlich eines Schutzes unveränderten Geschäftsumfangs[31], unveränderter Unternehmensliquidität[32] und von Wachstumserwartungen oder Produktionserweiterungen[33].

Als Eingriffsform kommen alle Maßnahmen eines Trägers öffentlicher Gewalt in Betracht, die „unmittelbare Auswirkungen" auf das geschützte Eigentumsrecht besitzen[34]; also auch faktische Beeinträchtigungen, konkurrenzwirtschaftliches Verhalten eingeschlossen. Demgemäß können auch alle Maßnahmen der hier in Frage stehenden Art prinzipiell enteignende bzw. eigentumsbeschränkende Wirkungen äußern.

Dies kann grundsätzlich schon für die kommunale Gebietsreform selbst gelten[35]. Voraussetzung dafür ist jedoch, daß die Rechtsfolgen der Gebietsreform mit entsprechend „unmittelbarer Auswirkung" gegenüber dem privaten Vermögensrecht ausgestattet sind. Im Gegensatz zum vom BGH in BGHZ 65, 241 ff. entschiedenen Fall[36] löst die kommunale Gebietsreform jedoch keinen unmittelbaren Ausschluß der regionalen Energieversorgungsunternehmen von der örtlichen Energieversorgung aus. Ein solcher Ausschluß kann sich vielmehr erst als weitere — also mittelbare — Folge von Maßnahmen der geschilderten Art ergeben, d. h. Maßnahmen, die von der Gebietsreform zwar tatsächlich ermöglicht werden, jedoch nicht selbst rechtlich verfügt oder intendiert werden.

Maßnahmen der Konkurrenzwirtschaft sind nach der Rechtsprechung dann geeignet, grundrechtsrelevante Eingriffe in die Eigentumsgarantie auszulösen, wenn sie zu Monopolstellungen führen und den privaten Konkurrenten völlig vom Markt ausschließen[37]. Diese Voraussetzungen könnten im vorliegenden Fall, angesichts des (auch) die leitungsgebundene Energieversorgung monopolisierenden Wegemonopols der Gemeinde, erfüllt sein. Ob dies tatsächlich so ist, ist anhand des jeweiligen Einzelfalls, d. h. in entsprechend „individualisierender" Fallbetrachtung, zu beantworten. Denn ob ein vermögenswertes Eigentumsrecht tatsächlich

---

[30] BGHZ 48, 58 (61); vgl. weiterhin auch BVerfGE 28, 119 (142); 29, 210 (237); 30, 292 (335); 31, 8 (32); BGHZ 65, 241 (244); BAGE 19, 14 (23); BayVGH, JZ 76, 641 (643).
[31] BVerfGE 24, 236 (251).
[32] BVerfGE 4, 7 (17).
[33] BVerfGE 8, 71 (79 f.); 21, 150 (154 ff.).
[34] Vgl. z. B. BGHZ 37, 44 (47); 54, 332 (338); BGH, NJW 71, 607 (608).
[35] Vgl. auch BGHZ 65, 241 (244).
[36] Hier ging es um die Veränderung von Landgerichtsbezirken mit der unmittelbaren Folge, daß Rechtsanwälte bestimmte Gerichtszulassungen einbüßten (Verfassungsmäßigkeit des § 227 a BRAO).
[37] Vgl. BVerwGE 17, 306 (314); 39, 329 (337); vgl. auch BayVGH, JZ 76, 641 (643).

enteignet oder enteignungsgleich beeinträchtigt worden ist, läßt sich nur aufgrund einer derartigen Einzelfallkontrolle feststellen. Im Rahmen des Art. 14 GG sind m. a. W. partiell andere Interpretationsmaßstäbe anzulegen als im Rahmen des Art. 12 I GG[38].

Das Verhältnis der Grundrechte aus Art. 12 I und Art. 14 GG ist im allgemeinen freilich noch wenig geklärt[39]. Das Bundesverfassungsgericht führt zu diesem Verhältnis zunächst richtig aus, daß die Eigentumsgarantie „dem Einzelnen vor allem den durch eigene Arbeit und Leistung erworbenen Bestand an vermögenswerten Gütern" in „‚objektbezogener' Gewährleistungsfunktion" garantiere, und daß die Eigentumsgarantie sich damit vom Grundrecht der Berufsfreiheit aus Art. 12 I GG als „persönlichkeitsbezogenem" Freiheitsrecht der „individuellen Leistung und Existenzerhaltung" abgrenze[40]; oder unter Rückgriff auf eine von Wittig[41] geprägte Formel: „Art. 14 Abs. 1 GG schützt das Erworbene, das Ergebnis der Betätigung, Art. 12 Abs. 1 GG dagegen den Erwerb, die Betätigung selbst"[42]. Trotz dieser thematischen Abgrenzung führt die Anwendung beider Grundrechte in der Rechtsprechungspraxis des Bundesverfassungsgerichts doch in der Regel zu denselben Ergebnissen bzw. dazu, daß das Bundesverfassungsgericht diejenigen Gründe, die zu einer legitimen Beschränkung der Berufsfreiheit einerseits führen, auch als legitime Beschränkung der Eigentumsgarantie andererseits (Sozialbindung) interpretiert[43]. Tatsächlich ist das Konkurrenzverhältnis von Berufsfreiheit und Eigentumsgarantie aber ungleich differenzierter angelegt:

Auszugehen ist zunächst von der regelmäßigen Feststellung, daß ein Eingriff in eine gewerbliche Betätigung auch einen Eingriff in das Recht am eingerichteten und ausgeübten Gewerbetrieb als Bestandteil der verfassungsrechtlichen Eigentumsgarantie implizieren kann[44]. Lediglich der äußere Eingriffsansatz ist ein verschiedener: Eingriff in die gewerbliche „Tätigkeit" — Eingriff in den gewerblichen „Betrieb". Tätigkeit und Betrieb sind real jedoch nicht völlig voneinander geschieden. Beide bedingen einander wechselseitig, sind gegenseitig aufeinander bezogen und ergänzen einander gegenseitig. In diesem Sinne folgt aus dem Zusammenhalt von Berufs- und Eigentumsfreiheit bekanntlich auch die eigentliche Verfassungsgewährleistung der „Wirtschaftsfreiheit" als

---

[38] Vgl. hier die Ausführungen oben sub 2.
[39] Vgl. hierzu bes. Leisner, JZ 72, 33 ff.
[40] BVerfGE 30, 292 (334).
[41] Vgl. G. Müller-Festschrift, 1970, S. 575 (590).
[42] BVerfGE 30, 335.
[43] Vgl. BVerfGE 21, 150 (160); 33, 240 (247); 34, 252 (257); richtiger dagegen in der Differenzierung BVerfGE 8, 71 (79 ff.); 37, 121 (131).
[44] Vgl. richtig z. B. BVerwG, DVBl 72, 830 (831); 72, 832 (834).

3. Energieversorgungsunternehmen und Eigentumsgarantie

Einheit wie Komplex aller wirtschaftlich relevanten Verhaltens- und Bestandsweisen[45]. Als grundrechtliche Abwehrrechte reagieren Art. 12 I GG und Art. 14 GG allerdings, jenem äußeren Eingriffsansatz und seiner (relativen) Differenz entsprechend, mit einer gewissen Phasenverschiebung. Zielt ein Eingriff mehr auf die Phase „gewerbliche Tätigkeit", so ist zunächst Art. 12 I GG zur Kontrolle berufen; zielt der Eingriff dagegen mehr auf die Phase „gewerblicher Bestand", so ist zunächst Art. 14 GG zur Kontrolle berufen. Bei dieser Phasendifferenz bleibt es jedoch nicht; denn die äußere (finale) „Ziel-Richtung" eines Eingriffs entscheidet, der allgemeinen Instrumentalität des grundrechtlichen Eingriffsbegriffs gemäß[46], nicht über die materiale Betroffenheit von tatsächlich berührten Grundrechtsgütern. Passiert also ein „tätigkeitsbezogener" Eingriff die Kontrollphase der Berufsfreiheit, so muß er bei zusätzlich vermögensmäßiger, gegebenenfalls auch nur mittelbarer Eingriffsrelevanz, auch in der Kontrollphase des Art. 14 GG bestehen. Passiert ein (unmittelbar) mehr vermögens- oder „bestandsbezogener" Eingriff die Hürde des Art. 14 GG, so muß er bei auch (mittelbar) „tätigkeitsbezogener" Eingriffsrelevanz gleichfalls die Hürde des Art. 12 I GG nehmen, um insgesamt verfassungsmäßig zu sein. Rechtlich bedeutet dies, daß in beiden Fällen sowohl die Grenzen der Sozialbindung bzw. der entschädigungspflichtigen Enteignung als auch die berufsfreiheitsrechtlichen Grenzen des Art. 12 I GG eingehalten werden müssen[47]. Neben diese phasenmäßige Kontrolldifferenz tritt die Differenz von „generalisierter" und „individualisierter" Eingriffstypik, wie sie bereits oben zu Art. 12 I GG[48] angeschnitten wurde: Die Berufsfreiheit reagiert dem Wesen typischer (typisierter), also nur generalisiert erfahrbarer Berufsbilder gemäß, häufig nur bei entsprechend general-typischen Eingriffslagen. Fehlt es an einem solchen Eingriff (individualer, atypischer Eingriff), so kann trotzdem jedoch ein individualer Vermögensschaden in der Person desjenigen eintreten, der aus der Sicht des Art. 12 I GG nur atypisch betroffen ist; in seiner Person kann m. a. W. dennoch der Tatbestand der nach Art. 14 III GG entschädigungspflichtigen Enteignung erfüllt sein. In diesem Fall genügt der „generalisierende" Kontrollrückgriff auf Art. 12 I GG nicht. In zusätzlich „individualisierender" Betrachtung bedarf es vielmehr auch des Kontrollrückgriffs auf Art. 14 GG. In Wahrheit erlauben nämlich erst er und seine entsprechende Korrektivfunktion die „generalisierende" Eingriffsschau zu Art. 12 I GG, wie sie das Bundesverfassungsgericht zumindest gegenüber Eingriffen in bestimm-

---

[45] Vgl. näher hierzu bereits R. Scholz, ZHR 132, 105 ff.; ders., Konzentrationskontrolle und Grundgesetz, 1971, S. 39 f.
[46] Zu ihr vgl. m. w. Nachw. bereits R. Scholz, Gemeindliche öffentliche Einrichtungen, S. 221 ff.
[47] Vgl. näher bes. Leisner, JZ 72, 37.
[48] Vgl. sub 2.

te Berufsbilder anwendet. Gleichzeitig ergibt sich damit, daß Art. 12 I GG und Art. 14 GG, trotz ihrer thematischen Verwandtschaft im gewerblichen Bereich, unterschiedliche Schutzwirkungen äußern können. Zusammenfassend ist festzuhalten, daß die *Grundrechte aus Art. 12 I GG und Art. 14 GG „idealkonkurrieren" können und daß beider Schutzbereich nicht notwendig identisch bemessen ist.* In diesem Sinne ist jene These, der das Bundesverfassungsgericht häufig zuneigt[49], und derzufolge Beschränkungen der Grundrechte aus Art. 12 I GG und Art. 14 GG regelmäßig gleich zu beurteilen seien bzw. legitime Beschränkungen der Berufsfreiheit „automatisch" auch legitime Beschränkungen der Eigentumsgarantie darstellten bzw. umgekehrt, zurückzuweisen bzw. im vorbezeichneten Sinne zu modifizieren.

Diese Feststellungen sind für die weitere Untersuchung von entscheidender Bedeutung. Denn wenn oben[50] zu Art. 12 I GG festgestellt wurde, daß das Grundrecht der freien Berufswahl in der Person der Träger regionaler Energieversorgungsunternehmen in der Regel nicht und das Grundrecht der freien Berufsausübung nur im Ausnahmefall beeinträchtigt sind, so legitimiert diese Feststellung nicht zur Folgerung, daß auch die Eigentumsgarantie des Art. 14 GG nicht bzw. im Regelfall nicht verletzt sei. Im Gegenteil, Art. 14 GG fragt — im Gegensatz zu Art. 12 I GG — in jedem Falle nach dem *individuellen Grundrechtseingriff.* Art. 14 I GG begnügt sich also nicht mit der Feststellung, daß gegebenenfalls generell oder typischerweise keine Grundrechtsverletzung vorliege. Gerade Maßnahmen wie eine Gebietsreform und deren Folgewirkungen befassen sich thematisch ja nicht unmittelbar mit der Berufs- und Gewerbefreiheit. Deshalb werden ihre mehr mittelbaren als unmittelbaren Wirkungen auf die Berufs- und Gewerbefreiheit von Unternehmern der regionalen Energieversorgung in der Regel auch keine grundrechtlich relevanten Rechtsfolgen im Sinne typisch-genereller Eingriffswirkungen auslösen; und deshalb vermag das Grundrecht des Art. 12 I GG gegenüber Konstellationen der vorliegenden Art nur begrenzten Schutz zu bieten.

Anders steht es dagegen mit der Eigentumsgarantie des Art. 14 GG. Sie fragt stets und primär nach der potentiellen Eigentumsverletzung im Einzelfall — unabhängig von der thematischen Orientierung der das Eigentum konkret beeinträchtigenden Maßnahme. In diesem Sinne bildet Art. 14 I GG zugleich das — verfassungsrechtlich erforderliche — *individualrechtliche („eingriffsindividualisierende") Korrektiv zu Art. 12 I GG:* Regelungen, die sich ihrer typischen Thematik nach nicht mit der Berufsfreiheit befassen und deshalb keine generellen (generalisier-

---

[49] Vgl. BVerfGE 21, 150 (160); 33, 240 (247); 34, 252 (257); s. irrig auch BVerwGE 5, 171 (174).
[50] Vgl. sub 2.

3. Energieversorgungsunternehmen und Eigentumsgarantie

baren) Rechtsfolgen gegenüber dem Schutzgut des Art. 12 I GG hervorrufen, tatsächlich aber auch das Recht am eingerichteten und ausgeübten Gewerbebetrieb betreffen, unterfallen stets und unabhängig von ihrer regelungstypischen Thematik der individualen Eingriffskontrolle des Art. 14 GG. Wird das Recht am eingerichteten und ausgeübten Gewerbebetrieb übermäßig beeinträchtigt, so stehen dem Betroffenen die Abwehr- sowie Restitutionsansprüche aus Art. 14 GG zur Verfügung, unabhängig davon, ob gleichzeitig ein Verstoß gegen Art. 12 I GG vorliegt. Gleichzeitig kompensieren diese Abwehr- und Restitutionsansprüche diejenigen tatsächlichen Rechtsverluste, die der betroffene Private in seiner beruflichen oder gewerblichen Existenz mittelbar hat mit hinnehmen müssen.

Sind damit die tatbestandlichen Voraussetzungen der Anwendbarkeit des Art. 14 I GG, soweit wie erforderlich, geklärt, so sind nunmehr die in Frage stehenden Folgen der Gebietsreform bzw. die diesbezüglichen Folgemaßnahmen der Gemeinden im einzelnen auf ihre Vereinbarkeit mit Art. 14 GG hin zu untersuchen.

(1) Wenn die Gebietsreform als solche größere und leistungsstärkere Gebietskörperschaften — zielkonform — schafft und daraus für die regionalen Energieversorgungsunternehmen die allgemeine Gefahr erwächst, daß die Gemeinden in stärkerem Maße als bisher zur Energieversorgung in Eigenregie übergehen, so ist dies noch kein eigentumsgrundrechtlich relevanter Tatbestand. Denn Art. 14 GG gewährleistet dem privaten Unternehmer, wie gezeigt, prinzipiell keine Bestandsgarantie für bestimmte, derzeit innegehaltene Marktanteile oder Erwerbsaussichten; und dies gilt auch gegenüber den Auswirkungen oder Folgemaßnahmen einer Gebietsreform[51].

(2) Die konzessionsvertragliche Rechtsstellung des privaten Energieversorgungsunternehmens ist eigentumsrechtlich geschützt. Jeder Eingriff der Gemeinde in diese Rechtsposition verletzt Art. 14 GG (enteignungsgleicher Eingriff). Nach Ablauf des Konzessionsvertrages oder bei ordnungsgemäßer Kündigung des Konzessionsvertrages verleiht Art. 14 GG dagegen prinzipiell keinen Schutz. Aus Art. 14 GG läßt sich insbesondere kein Anspruch auf Vertragsverlängerung, Kündigungsverzicht oder neuen Vertragsabschluß ableiten. Denn dies bedingte einen verfassungsrechtlichen Anspruch auf Schaffung eigentumsfähiger Rechtspositionen, während Art. 14 GG nur bereits bestehende Eigentumsrechte schützt (Eigentumsgarantie als Bestands-, nicht als Erwerbsgarantie).

(3) Das gleiche wie zu (1) und (2) ergibt sich hinsichtlich der Rechte des privaten Energieversorgungsunternehmens an den verlegten Leitungs-

---
[51] Vgl. BGHZ 65, 241 (244).

systemen. Solange diese vertragsmäßig kraft gültigen Konzessionsvertrages gesichert sind, solange dürfen sie dem privaten Energieversorgungsunternehmen nicht entzogen werden. Nach Ablauf des Konzessionsvertrages kann die Gemeinde die Anlagen zwar, bei Bestehen einer entsprechenden Übernahmeklausel, übernehmen. Die grundgesetzliche Eigentumsgarantie fordert hier jedoch — in Gestalt einer entsprechenden Vermögenswertgarantie — den Ausgleich durch eine angemessene Entschädigung (vgl. Art. 14 III GG). Die gleiche Wirksamkeit entfaltet Art. 14 GG für den Fall des Fehlens einer vertraglichen Übernahmeklausel. Wenn die Gemeinde sich die Anlagen des bisher zuständigen privaten Energieversorgungsunternehmens zunutze machen will, ist sie zur entsprechenden Entschädigung verpflichtet. Jedes gegenteilige Verhalten verletzte als enteignungsgleicher Eingriff die grundrechtliche Eigentumsgarantie.

Ein allgemeinerer Anspruch auf Fortbestand der regionalen Energieversorgung läßt sich in diesen zu (1) - (3) geschilderten Fallvarianten dagegen nicht auf Art. 14 GG stützen. Ein solcher Anspruch bedingt vielmehr weitere Umstände:

(4) Aus konkurrenzwirtschaftlicher Sicht kann sich ein Recht auf Fortbestand der regionalen Energieversorgung dann ergeben, wenn die Gemeinde einen Konzessionsvertrag allein oder vornehmlich aus fiskalisch-erwerbswirtschaftlichen Gründen kündigt bzw. nicht verlängert und aus Gründen entsprechender Gewinnmaximierung ein eigenes (monopolistisches) Energieversorgungsunternehmen einrichtet oder in der Versorgungszuständigkeit ausdehnt, ohne daß die Leistungen der örtlichen Energieversorgung damit verbessert würden. Mit einem solchen Verhalten verstößt die Gemeinde, wie gezeigt, gegen das EnWG, gegen das Gemeindewirtschaftsrecht sowie auch gegen das Straßenrecht. Das gemeindliche Energieversorgungsmonopol wäre allein oder primär fiskalisch begründet; und fiskalische Monopolwirtschaft der öffentlichen Hand toleriert Art. 14 GG prinzipiell nicht[52]. Eine Ausnahme gilt allein für die vom Grundgesetz ausdrücklich anerkannten Finanzmonopole[53], zu denen kommunale Finanzmonopole jedoch nicht gehören. Ein Verstoß gegen Art. 14 GG scheidet demgemäß nur dann aus, wenn die Gemeinde die örtliche Energieversorgung — im Einklang mit den funktionsrechtlichen Voraussetzungen des Energie-, Gemeindewirtschafts- und Straßenrechts — aus Gründen einer Sicherung oder Verbesserung der Versorgungsleistung in eigene Regie nimmt[54]. Aus der Sicht der Eigentumsgarantie handelt es sich dann — aber auch nur dann — um eine legitime

---

[52] Vgl. auch BVerwGE 17, 306 (308 ff.).
[53] Vgl. hierzu BVerfGE 14, 105 (112 ff.); BayObLG, BayVBl 72, 158 ff.; Maunz - Dürig - Herzog - Scholz, GG, Art. 105 Rdnr. 12 - 13.
[54] Vgl. auch BGHZ 40, 355 (366).

3. Energieversorgungsunternehmen und Eigentumsgarantie

Sozialbindung der vermögensrechtlichen Stellung des von der Energieversorgung nunmehr monopolistisch ausgeschlossenen Privatunternehmens (Art. 14 II GG). Sind diese Voraussetzungen dagegen nicht gegeben und übernimmt die Gemeinde dennoch die vom regionalen Energieversorgungsunternehmen installierten Versorgungsleitungen in eigene Regie, so handelt es sich in der Regel um einen enteignungsgleichen Eingriff. Nach Art. 14 III GG ist die Gemeinde hier zur Entschädigung verpflichtet.

Ein Anspruch auf Neuabschluß oder Verlängerung des Konzessionsvertrages besteht dagegen nicht. Denn Art. 14 III GG begründet allein einen Anspruch auf Entschädigung in Geld, nicht dagegen einen Anspruch auf Naturalrestitution bzw. Wiederherstellung des bisherigen (konzessionsvertraglichen) Rechtszustandes. Eine Wiedergewinnung dieser Position kann allein über Maßnahmen der Energieaufsicht gemäß §§ 4, 8 EnWG erreicht werden[55].

(5) Die Eigentumsgarantie des Art. 14 GG ist weiterhin geeignet, privaten Energieversorgungsunternehmen dann einen substantiellen Bestandsschutz ihrer Position zu gewährleisten, wenn diese Position zusätzlich die besonderen Voraussetzungen eines verfassungsrechtlich zu sichernden *Vertrauensschutzes* erfüllt[56]. Mit der von Kisker[57] entwickelten Abgrenzungssystematik kann hiernach (auch) die gewerblich-wirtschaftliche Position eines privaten Unternehmens unter den Schutz der Eigentumsgarantie treten, wenn sie entweder auf bestimmten (bestandsmäßig) sichernden Zusagen der öffentlichen Hand[58] oder auf von der öffentlichen Hand veranlaßten Dispositionen basiert[59]. Streitig ist, ob und gegebenenfalls inwieweit darüber hinaus auch ein Vertrauensschutz für, von der öffentlichen Hand lediglich eröffnete oder belassene Erwerbschancen bestehen kann[60]. Der BGH hat einen Vertrauensschutz für diese Fälle prinzipiell verneint[61]; und dies grundsätzlich mit Recht. Tatsächlich geschützte Vertrauenspositionen finden sich jedoch in den Fällen der *Zusage* und der *veranlaßten Disposition*, wobei der Fall der Zu-

---

[55] Vgl. dazu oben IV 2, 3.
[56] Zu diesen Voraussetzungen vgl. bes. BGHZ 23, 157 (165); 40, 355 (366); 45, 83 (87); 45, 150 (159); 48, 58 (60); 48, 65 (66); 49, 231 (237); 50, 73 (76); 52, 216 (227); 55, 261 (264); 65, 241 (244 f.); BGH, NJW 68, 293 (294); allgemein vgl. insbes. Kisker, VVDStRL 32, 149 ff.; Püttner, VVDStRL 32, 200 ff.; Ossenbühl, DÖV 72, 25 ff.; Grabitz, DVBl 73, 675 ff.; Stüer, DVBl 77, 1 (7 ff.).
[57] Vgl. VVDStRL 32, 162 ff.
[58] Vgl. Kisker, VVDStRL 32, 162 ff.; s. weiterhin z. B. Ossenbühl, DÖV 72, 28; Stüer, DVBl 77, 7.
[59] Vgl. Kisker, a.a.O., VVDStRL 32, 162 ff.; Stüer, DVBl 77, 7.
[60] Vgl. prinzipiell bejahend Kisker, VVDStRL 32, 166 f.; vgl. auch Stüer, DVBl 77, 7 f.
[61] Vgl. BGHZ 45, 83 (87); 45, 150 (156); 48, 58 (61); BGH, NJW 68, 293 (294).

sage im vorliegenden Zusammenhang bereits vom Tatbestand des bestehenden Konzessionsvertrages mitumfaßt wird (vgl. vorstehend sub (2) und (3)).

Ein nach Art. 14 GG zu diskutierender Vertrauensschutz kann somit vornehmlich dann bestehen, wenn ein privates Energieversorgungsunternehmen seine Investitionen und vermögensmäßigen Dispositionen im Vertrauen auf den Fortbestand gemeindlicher oder staatlicher Maßnahmen getroffen hat, die ihrerseits gerade das Ziel verfolgten, das betreffende Unternehmen zu diesen Investitionen oder Dispositionen zu veranlassen. Keinen Vertrauensschutz genießt dagegen dasjenige Unternehmen, das seine Dispositionen etc. lediglich in der (subjektiven) Hoffnung auf eine Verlängerung oder Nicht-Kündigung seines Konzessionsvertrages getroffen hat, zu dieser Hoffnung oder Erwartung aber nicht erst durch entsprechende Maßnahmen von Staat oder Gemeinde veranlaßt bzw. in dieser Hoffnung oder Erwartung nicht entsprechend bestärkt wurde[62]. Ein bloßes Vertrauen darauf, daß eine einmal bestehende Vertrags- oder sonstige Rechtsregelung und damit eine bestimmte unternehmerische Erwerbs- oder Betätigungschance fortbestehen werde bzw. daß eine „Gemeinde nicht von der ihr zustehenden und ihr ausdrücklich gesetzlich vorbehaltenen öffentlich-rechtlichen Befugnis rechtmäßig Gebrauch macht", eine „Tätigkeit als gemeindlichen Betrieb... einzurichten", genießt dagegen keinen verfassungsrechtlichen Schutz[63]. Das gleiche gilt nach Auffassung des BGH für eine Gebietsreform dann, wenn der von der Veränderung der Gebietsgrenzen Betroffene (im entschiedenen Fall: Rechtsanwalt bei Veränderung eines Gerichtsbezirks) lediglich auf einen Fortbestand der alten Gebietsverhältnisse hoffte. Demgegenüber müsse, wie der BGH ausführt, anerkannt werden, daß „es in der Natur der Sache liege, daß sich jedes Gemeinwesen weiterentwickele und dadurch Gebietsveränderungen notwendig würden. Die sich daraus ergebenden Folgen (für die Anwaltspraxis) stellten (daher) eine Enteignung oder einen enteignungsgleichen Eingriff nicht dar"[64]. Aus dieser Entscheidung des BGH läßt sich allerdings nicht der Schluß ableiten, daß Maßnahmen der Gebietsreform etwa generell vom verfassungsrechtlichen Vertrauensschutz freigestellt wären. Im Gegenteil, gerade Maßnahmen wie eine Gebietsreform sind als planerische Maßnahmen sogar in besonderem Maße vertrauensschutzindiziert. Gerade Planungen jedweder Art (Raum-, Entwicklungs-, Wirtschaftsplanungen) müssen sich als bewußt langfristige wie bewußt auf prinzipiellen Strukturwandel angelegte Ordnungsvorhaben der Frage nach der Wahrung

---

[62] Vgl. allgemein u. a. BGHZ 45, 87; BGH, NJW 68, 294.
[63] Vgl. bes. BGHZ 40, 366 (Einrichtung einer gemeindlichen Müllabfuhr).
[64] BGHZ 65, 244 f.

3. Energieversorgungsunternehmen und Eigentumsgarantie

von *Kontinuitäts- und Systemgerechtigkeit* stellen[65]. Für die Gebietsreform hat das Erfordernis der Systemgerechtigkeit im übrigen spezielle Bedeutung erlangt[66].

Systemwidrige oder willkürliche Kontinuitätsbrüche können auch legitime Vertrauenspositionen von Privaten beeinträchtigen. Dies gilt vor allem dann, wenn der Private zu einem bestimmten plankonformen oder planintendierten Verhalten bzw. zu entsprechenden Dispositionen veranlaßt wurde und sein Vertrauen auf den Fortbestand der zugrunde liegenden Planmaßnahmen durch system- oder kontinuitätswidrige Staatsmaßnahmen später mit der Folge wirtschaftlicher Schäden verletzt wird. Gerade in solchen Fällen reagiert die Eigentumsgarantie des Art. 14 GG bzw. ein aus dieser Garantie entweder folgender oder mit ihr doch verwandter Anspruch des Privaten auf *Plangewährleistung*[67].

Der Sektor der Energieversorgung bildet einen in hohem Maße staatlicher sowie gemeindlicher Raum-, Entwicklungs- und Wirtschaftsplanung bzw. entsprechender Lenkung unterworfenen Bereich. Seit jeher greifen hier staatliche Raumplanung und kommunale Entwicklungsplanung bzw. kommunale Wirtschaftsförderung auf das engste ineinander. Der Private steht m. a. W. einem komplexen System oder Netz staatlicher und kommunaler Maßnahmen gegenüber, die gemeinsam (auch und vorrangig) das Ziel einer langfristig gesicherten, funktionierenden sowie sozialgerechten Versorgung der Bevölkerung verfolgen. Da eine solche Versorgung gerade auf dem Gebiet der leitungsabhängigen Energieversorgung erhebliche Investitionen und entsprechend langfristige Dispositionen erfordert, haben sich Staat, Gemeinden und Private in der Regel gemeinsam um die Bereitstellung entsprechend gesicherter Funktionsgrundlagen zu bemühen; und die Vergangenheit beweist, daß diese Bemühungen — zumindest bis zu den Umwälzungen, die die kommunale Gebietsreform der letzten Jahre teilweise ausgelöst oder doch eingeleitet hat — recht erfolgreich gewesen sind. Raum- und entwicklungs-

---

[65] Zu diesen Prinzipien vgl. allgemein bes. Degenhart, Systemgerechtigkeit und Selbstbindung des Gesetzgebers als Verfassungspostulat, 1976, bes. S. 6 ff., 19 ff., 49 ff., 57 ff., 68 ff., 90 ff.; Lange, Die Verwaltung 71, 259 ff.; R. Scholz, Konzentrationskontrolle und Grundgesetz, S. 27 ff.; vgl. weiterhin BVerfGE 6, 55 (70, 77); 9, 20 (28); 9, 201 (207); 15, 313 (318); 18, 315 (334); 30, 250 (270 f.).

[66] Vgl. z. B. und m. Nachw. aus der Rechtsprechung Hoppe - Rengeling, Rechtsschutz bei der kommunalen Gebietsreform, S. 114 ff.; Degenhart, Systemgerechtigkeit, S. 29 ff., 62 ff.; Soell, BayVBl 77, 5.

[67] Zu diesem Anspruch vgl. bes. Oldiges, Grundlagen eines Plangewährleistungsrechts, 1970, bes. S. 179 ff.; Egerer, Der Plangewährleistungsanspruch, 1971, bes. S. 95 ff.; Ipsen, in: Kaiser, Planung I, 1965, S. 35 (60 ff.); Planung II, 1966, S. 63 (106 ff.); ders., E. R. Huber-Festschrift, 1973, S. 219 ff.; Ossenbühl, JuS 75, 545 ff.; Burmeister, Die Verwaltung 1969, 21 ff.; Kriele, DÖV 67, 531 ff.; aus der Rechtsprechung s. insbes. die Fallkonstellationen in BGHZ 45, 83 (85); BVerwG, NJW 72, 2325 f.

planerische Vorsorge wie Koordination bilden dabei die existentielle Voraussetzung für die privaten Investitionen und Dispositionen. Die Zusammenarbeit von Gemeinden und regionalen Energieversorgungsunternehmen verfügt seit langem über außerordentlich stabile Funktionsgrundlagen, auf deren Erhaltung der private Unternehmer nicht nur vertrauen muß, sondern in der Regel auch vertrauen darf.

Dieses grundsätzliche Vertrauen ist häufig nicht etwa auf die Laufzeit eines jeweiligen Konzessionsvertrages zu beschränken. Es kann vielmehr über dessen vertraglich zunächst vorgesehene Dauer hinausweisen. Konkret ist dies dann der Fall, wenn die zuständige Gemeinde den jeweiligen Konzessionsvertrag bisher in *ständiger Verwaltungspraxis erneuert bzw. verlängert (nicht gekündigt) hat und/oder wenn die Investitionen des betreffenden Energieversorgungsunternehmens auf Veranlassung, mit Unterstützung oder doch mit Billigung der Gemeinde auf längerfristige Zeiträume angelegt wurden.* Unter diesen Voraussetzungen läge ein Fall des verfassungsrechtlich gesicherten Vertrauensschutzes kraft staatlich und/oder gemeindlich veranlaßter Disposition vor. Die konkreten Umstände, die einen solchen verfassungsrechtlich geschützten Vertrauenstatbestand begründen sollen, müssen von den jeweils betroffenen regionalen Energieversorgungsunternehmen allerdings dargetan bzw. nachgewiesen werden. Sind solche Umstände dargetan, so darf die Gemeinde das Vertrauen des privaten Unternehmers auf den Fortbestand seiner Position *nicht ohne sachlich rechtfertigenden Grund* mißachten.

Ein solcher, sachlich rechtfertigender Grund liegt nicht bereits in der Gebietsreform als solcher. Denn diese hat ihrerseits den Nachweis einer Verbesserung der örtlichen Lebens- und Versorgungsverhältnisse zu führen[68]. Wenn die Gebietsreform hingegen zu verschlechterten Versorgungsverhältnissen führt, so hat sie ihr Ziel verfehlt und muß sich ihrerseits der Frage nach der eigenen Rechtmäßigkeit stellen. Berührt die Gebietsreformmaßnahme als solche die örtlichen Versorgungsbedingungen dagegen nicht, nimmt aber die Gemeinde die Gebietsreform zum Anlaß, die örtlichen Versorgungsbedingungen zu verändern, so kann diese die Prinzipien zur system- und kontinuitätsgerechten Planung bzw. Wirtschaftslenkung verletzen; konkret ist dies dann der Fall, wenn der Ausschluß oder die Verdrängung eines funktionsfähigen und leistungsstarken regionalen Energieversorgungsunternehmens zugunsten eines gemeindlichen Eigenunternehmens nicht zur Verbesserung oder gar zur Verschlechterung der örtlichen Versorgungsbedingungen führt.

Verfügt die Gemeinde dagegen über rechtfertigende Gründe, so kann sie diese dennoch nicht beliebig gegenüber dem privaten Energieversor-

---

[68] Vgl. gerade im hiesigen Zusammenhang auch Stüer, DVBl 77, 9.

3. Energieversorgungsunternehmen und Eigentumsgarantie

gungsunternehmen durchsetzen. Denn wenn sich dies auf den qualifizierten Vertrauenstatbestand der „veranlaßten Disposition" berufen kann, so bedarf es zwischen Gemeinde und Energieversorgungsunternehmen des *Interessenausgleichs*, d. h. der Abwägung zwischen den kollidierenden Interessen und Schutzgütern nach Maßgabe des *Grundsatzes der Verhältnismäßigkeit*.

Die hieraus resultierenden Rechtsfolgen können — je nach Schutzgut, Vertrauensintensität und Berechtigung des von der Gemeinde vertretenen Versorgungsinteresses — unterschiedlicher Art sein:

a) Überwiegt der Vertrauensschutz zugunsten des privaten Energieversorgungsunternehmens absolut, so muß diesem die innegehaltene Position — gegebenenfalls auch unter Verlängerung des Konzessionsvertrages — belassen werden. Ein gegenteiliges Verhalten der Gemeinde bedeutete einen enteignungsgleichen Eingriff.

b) Überwiegt die Schutzwürdigkeit des gemeindlichen Veränderungsinteresses, so kann das regionale Energieversorgungsunternehmen keinen Bestand seiner Position (über den Ablauf des Konzessionsvertrages hinaus) beanspruchen. Dem Energieversorgungsunternehmen steht aber die volle Entschädigung der von ihm im Vertrauen auf den Fortbestand erbrachten („veranlaßten") Investitionen zu.

c) Überwiegt keines der kollidierenden Schutzgüter mit Eindeutigkeit, so kann das regionale Energieversorgungsunternehmen die Begründung der gemeindlichen Eigenkompetenz nicht abwehren; denn insoweit wären die Voraussetzungen des Gemeindewirtschaftsrechts für die Errichtung oder Ausdehnung eines kommunalen Energieversorgungsunternehmens erfüllt („öffentlicher (Versorgungs-)Zweck"). Umgekehrt muß die Gemeinde auf die Interessen des regionalen Energieversorgungsunternehmens aber ein Höchstmaß an Rücksicht nehmen.

Rücksichtnahmen dieser Art können in zweierlei Richtung geboten sein oder doch in Betracht kommen: entweder in Gestalt *materiell-rechtlich kompensatorischer Funktionsgewähr* oder in Gestalt mehr *formellrechtlicher Verfahrensregelungen*. In ersterer Hinsicht ist auf die bereits oben[69] zu Art. 12 I GG entwickelten Grundsätze zu verweisen (kompensatorisches Kooperationsgebot). In letzterer Hinsicht ergibt sich aus Art. 14 GG i. V. m. dem Verhältnismäßigkeitsgrundsatz die Forderung *nach härtemildernden Verfahren*, die dem konkret betroffenen Privatunternehmen im bestehenden Interessenkonflikt einen möglichst schonenden Ausgleich durch „weiche Überleitung" bzw. durch die Möglichkeit einer adäquaten Anpassung an die neue Situation gewährleisten[70].

---

[69] Vgl. sub 2.
[70] Zu derartigen verfahrensrechtlichen Forderungen als Ausfluß der Eigentumsgarantie siehe z. B. Salzwedel, Die Verwaltung 1972, 11 (13); Sendler,

Praktisch bedeutet dies vor allem das Recht eines vom Ausschluß betroffenen regionalen Energieversorgungsunternehmens auf Gewährung möglichst schonender *Übergangs- oder Anpassungsfristen;* Fristen, die — je nach Ausmaß der „veranlaßten Dispositionen" — auch über die vereinbarte Dauer eines Konzessionsvertrages hinausreichen können[71].

Zusammengefaßt ergibt sich demnach eine recht breite Skala von eigentumsrechtlich geschützten Vertrauenspositionen zugunsten von Unternehmen der regionalen Energieversorgung, die von den kommunalen Gebietskörperschaften (auch) nach einer Gebietsreform beachtet werden müssen, um sich nicht wegen enteignungsgleicher Eingriffe entschädigungspflichtig zu machen (Art. 14 III GG). Welche Schutzansprüche einem regionalen Energieversorgungsunternehmen hiernach konkret zustehen, ist freilich eine Frage des Einzelfalls, und diese muß in entsprechend „individualisierender" Betrachtungsweise jeweils gesondert beantwortet werden. Die vorstehend entwickelten Kriterien formulieren die hierbei allgemein zu beachtenden Rechtsmaßstäbe.

4. Grundrechtliche Gegenpositionen?

Zusammenfassend ist demnach festzustellen, daß den Unternehmen der regionalen Energieversorgung gegenüber gemeindlichen Folgemaßnahmen nach der Gebietsreform (auch) grundrechtliche Schutzansprüche gemäß Art. 12 I GG und vor allem gemäß Art. 14 GG zustehen können. Da die Durchsetzung dieser Schutzansprüche vor allem auf eine Beschränkung des gemeindlichen Straßeneigentums hinweist, bedarf es freilich noch der Beantwortung der Frage, ob sich zugunsten der eigentümerischen Gemeinde grundrechtliche Gegenrechte ergeben können.

Als Grundeigentümerin verfügt die Gemeinde über den grundrechtlichen Schutz des Art. 14 GG[72]. Eine zwangsweise Belastung des gemeindlichen Straßeneigentums mit der Verlegung oder Duldung privater Versorgungsleitungen tangiert demgemäß das Eigentumsrecht der Gemeinde[73]. Fraglich ist jedoch, ob die Gemeinde die Nutzung ihres

---

DÖV 74, 73 (78, 81 f.); R. Scholz, Paritätische Mitbestimmung und Grundgesetz, 1974, S. 92 ff.; vgl. im Grundsätzlichen auch BVerfGE 14, 263 (283); 21, 173 (183); 22, 275 (276); 24, 367 (401); 25, 236 (248); 31, 275 (284); 32, 1 (22 f.); 35, 79 (124); 36, 281 (293); s. weiterhin auch BVerfGE 33, 303 (341) zu Art. 12 GG.

[71] Vgl. z. B. BVerfGE 21, 173 (183); 25, 236 (248); 31, 275 (284); 36, 281 (293).

[72] Vgl. allgemein hierzu bes. Leisner, Grundeigentum und Versorgungsleitungen, 1973, S. 12 ff.; zur Möglichkeit auch der Gemeinde, sich auf Art. 14 GG berufen zu können, vgl. z. B. BayVerfGH, BayVBl 76, 589 (591); 76, 622 (623 ff.); Schmidt - Aßmann, Der Ausgleich landesplanerischer Planungsschäden, S. 22 ff.; offenlassend dagegen VGH München, NJW 76, 127 f.

[73] Vgl. allgemein Leisner, Grundeigentum, S. 12 ff.; s. weiterhin auch BGH, NJW 64, 652.

4. Grundrechtliche Gegenpositionen?

Grundeigentums nicht im Rahmen der Sozialbindung gemäß Art. 14 II GG dulden muß. Die Rechtsprechung zu dieser Frage ist nicht einheitlich[74]. Angesichts der Besonderheiten der hiesigen Problemstellung bedarf es jedoch keiner abschließenden Beantwortung dieser Frage. Wenn die Gemeinde nämlich kraft eigener Grundrechtspflichtigkeit zur Duldung der Verlegung oder des Fortbestandes bereits bestehender privater Leitungsanlagen verpflichtet ist, kann sie dieser Grundrechtspflichtigkeit nicht unter Berufung auf eigene Grundrechte entgehen[75]. Art. 14 GG verleiht der Gemeinde demgemäß keine wirksamen Gegenrechte: Auch die Grundeigentümerin Gemeinde muß die Ansprüche Privater auf Fortbestand ihrer Leitungs- und Funktionsrechte erfüllen, sofern diese grundrechtlichen (Vertrauens-)Schutz genießen.

Soweit es konkret darum geht, daß eine Gemeinde gemäß Art. 14 GG nicht berechtigt wird, einen Konzessionsvertrag fristgerecht zu kündigen, verfügt sie gleichfalls über keine durchgreifenden Gegenrechte. Die Gemeinde kann sich vor allem nicht auf das Grundrecht der Vertragsfreiheit[76] berufen; denn das Schutzgut des Art. 14 GG besäße ebenso wie das Schutzgut einer sicheren Energieversorgung insoweit den Vorrang[77].

---

[74] Vgl. bejahend z. B. VGH München, NJW 76, 127 f.; für Hochspannungsleitungen vgl. bejahend weiterhin BGHZ 60, 119 (122 f.); für die Stromversorgung verneinend dagegen BGH, DÖV 76, 824 (825); bejahend für die Anbringung von elektrischen Anlagen zu Zwecken der örtlichen Stromversorgung wiederum BGH, DÖV 76, 825 (826 f.) m. Anm. Kimminich.

[75] Zur diesbezüglichen, allgemeineren Grundrechtsproblematik s. bes. Burmeister, Vom staatsbegrenzenden Grundrechtsverständnis zum Grundrechtsschutz für Staatsfunktionen, 1971, bes. S. 66 ff.

[76] Das nach herrschender Lehre aus Art. 2 I GG folgen soll (vgl. z. B. BVerfGE 8, 274 [328]; 12, 341 [347]; 21, 87 [90 f.]; Laufke, Lehmann-Festschrift I, 1956, S. 145 ff.; Raiser, JZ 58, 1 [4 ff.]), nach eigener Auffassung aber funktionaler Bestandteil der Spezialgrundrechte (hier wären Art. 12 und Art. 14 GG maßgebend) ist (vgl. R. Scholz, AöR 100, 80 [128 f.]; ders., Die Koalitionsfreiheit als Verfassungsproblem, 1971, S. 9 f., 108 ff. m. w. Nachw.).

[77] Zum wirksamen Ausschluß eines Kündigungsrechts bei Wärmeversorgungsverträgen vgl. auch BGH, NJW 75, 1268 (1269).

VIII. Regionale Energieversorgung und Wettbewerbsrecht

1. Fragestellung und Grundlagen

Nach der Untersuchung der öffentlich-rechtlichen Grundlagen der Rechtsstellung der regionalen Energieversorgungsunternehmen (nach der Gebietsreform) sind nunmehr die wettbewerbsrechtlichen Beziehungen zwischen regionaler Energieversorgung und kommunalen Gebietskörperschaften zu prüfen. Denn auch auf deren Grundlage können sich gegebenenfalls Schutzansprüche der regionalen Energieversorgungsunternehmen gegenüber einem Ausschluß oder einer Verdrängung vom örtlichen Energieversorgungsmarkt ergeben. Als konkrete Rechtsgrundlagen hierfür kommen sowohl Tatbestände des GWB als auch solche des UWG in Betracht. Voraussetzung für deren Anwendung ist zunächst allerdings, daß die Gemeinden in ihrer Eigenschaft als öffentlich-rechtliche Gebietskörperschaften der Anwendbarkeit von GWB und UWG allgemein unterstehen und daß das konkrete Verhalten einer Gemeinde, das zum Ausschluß oder zur Verdrängung eines regionalen Energieversorgungsunternehmens von der örtlichen Energieversorgung führt, ein wettbewerblich relevantes Verhalten im Sinne des GWB und/oder UWG darstellt.

Als hiernach zu prüfende Verhaltensweise ist auf die Verweigerung der wegerechtlichen Nutzungserlaubnis durch die Gemeinde (Kündigung, Nichtverlängerung eines Konzessionsvertrages) und nicht auf ein Konkurrenzverhalten der Gemeinde abzustellen, das diese gegebenenfalls in Gestalt eines eigenen Energieversorgungsunternehmens aufnimmt. Denn wenn dieses Unternehmen aufgrund eines mit ihm abgeschlossenen Konzessionsvertrages seinerseits über das gebietsmäßige Ausschließlichkeitsrecht innerhalb der Energieversorgung verfügt, dann besteht zwischen diesem Unternehmen und dem regionalen Energieversorgungsunternehmen auch kein potentieller Wettbewerb mehr. Wettbewerbliche Konstellationen können sich zwar noch unter dem Aspekt ergeben, daß das private Energieversorgungsunternehmen die Nutzung der gemeindlichen Straßen neben dem kommunalen Energieversorgungsunternehmen begehrt. Aktuell geworden sind Konstellationen dieser Art namentlich dort, wo Private die energiemäßige Eigenversorgung begehrten[1]. Auch in diesen Fällen dominiert jedoch die Frage nach dem gegebenenfalls wettbewerbsrechtlichen Anspruch jenes Privaten auf Nutzung der gemeindlichen Straßen.

Die hiesige Problematik unterscheidet sich von der vorstehenden (seit längerem bekannten) Problematik dadurch, daß es hier um den Fortbestand der energiemäßigen Fremdversorgung (nicht Eigenversorgung) durch private (regionale) Energieversorgungsunternehmen geht; oder anders ausgedrückt: Es geht um die Frage, ob und gegebenenfalls inwieweit private Energieversorgungsunternehmen die Aufrechterhaltung einer eigenen (bisher innegehaltenen) Ausschließlichkeitsposition innerhalb der örtlichen Energieversorgung gegenüber gegenteiligen Absichten der Gemeinde als Straßeneigentümerin und Trägerin der Straßenbaulast durchsetzen können.

Die Gemeinde wird demgemäß und wie gezeigt in zweifacher Funktion bzw. in unterschiedlichen Rollen tätig: Soweit sie als Straßeneigentümerin handelt, wird sie auf der Grundlage privatrechtlicher Befugnisse tätig; soweit sie dagegen als Trägerin der Straßenbaulast sowie (auch) zu Zwecken der Wirtschaftsförderung tätig wird, handelt sie auf der Grundlage öffentlich-rechtlicher Befugnisse. Im gleichen und bereits dargestellten Sinne verfügt der Konzessionsvertrag über rechtliche Doppelnatur. An diese Feststellung schließt sich die Frage an, ob und gegebenenfalls wie das Wettbewerbsrecht auch auf Funktionen sowie Handlungsformen des öffentlichen Rechts Anwendung finden kann.

Die früher herrschende Meinung beschränkte die Anwendbarkeit des Wettbewerbsrecht auf die öffentliche Hand von vornherein auf deren privatrechtliche Verhaltensweisen[2]. Demgegenüber wurde schon an anderer Stelle dargelegt, daß das Wettbewerbsrecht als „allgemeines Recht" oder im Verhältnis zu Privatrecht und Öffentlichem Recht „neutrales Recht" sowohl auf Verhaltensweisen des Privatrechts als auch auf Verhaltensweisen des Öffentlichen Rechts, je nach konkret betroffener Wettbewerbsfunktion, Anwendung finden kann[3]. Dieser Auffassung hat sich neuerdings auch der Große Zivilsenat des BGH, sowohl für das GWB als auch für das UWG, angeschlossen: Wenn die öffentliche Hand sich zu Privaten auf die Ebene des Wettbewerbs begibt, so muß sie sich, gleichgültig, ob ihr Wettbewerbsverhalten in privatrechtlichen oder

---

[1] Zur dortigen Streitlage s. bes. Lukes, Die Benutzung öffentlicher Wege zur Fortleitung elektrischer Energie, 1973; Biedenkopf - Kellmann, Die wege- und kartellrechtliche Problematik der Verlegung von Energieversorgungsleitungen für den Eigenbedarf, 1970; Malzer, WuW 62, 252 ff.; 74, 816 ff.

[2] Vgl. z. B. BGHZ 36, 91 (96 ff.); OLG Köln, NJW 74, 802 ff.; H. Klein, Teilnahme des Staates, S. 242 ff.; Schricker, Wirtschaftliche Tätigkeit der öffentlichen Hand, S. 65 ff., 125 ff.

[3] Vgl. R. Scholz, ZHR 132, 107 ff.; ders., Gemeindliche öffentliche Einrichtungen, S. 149 ff.; ders., NJW 74, 781 f.; s. jetzt bes. klar und kritisch dazu auch Bettermann, DVBl 77, 180 (182 f.).

öffentlich-rechtlichen Handlungsformen stattfindet, an die materiellen Verhaltensmaßstäbe des Wettbewerbsrechts halten[4]. Daß daneben auch noch öffentlich-rechtliche Verhaltensmaßstäbe, namentlich die Grundrechte, anwendungsmäßig berufen sein können, spielt dabei keine Rolle[5]; ebensowenig wie die zusätzliche Geltung anderer Privatrechtsmaßstäbe auf ein wettbewerbliches Verhalten für die (zusätzliche) Anwendung des Wettbewerbsrechts von Bedeutung ist.

Für den vorliegenden Zusammenhang folgt hieraus, daß es nicht darauf ankommt, in welcher Rechtsform bzw. Funktion eine Gemeinde gehandelt hat. Das Wettbewerbsrecht bliebe jedenfalls und mit stets gleicher Maßgabe anzuwenden.

Während das UWG hinsichtlich seiner Normadressatenschaft nicht weiter differenziert, fordert das GWB das Vorliegen eines Unternehmens (vgl. für das öffentliche Unternehmen § 98 GWB). Mit dem funktionalen Unternehmensbegriff ist als unternehmerisches Verhalten i. S. des GWB „jedwede Tätigkeit im geschäftlichen Verkehr" zu begreifen[6]; und dies bedeutet, daß auch jeder Hoheitsträger sowie jede Gebietskörperschaft unter den Tatbestand des öffentlichen Unternehmens i. S. des GWB fallen[7]. Seinem sachlichen Anwendungsbereich nach stellt das UWG auf den „geschäftlichen Verkehr" ab (§ 1 UWG). Das GWB orientiert sich an der „Erzeugung oder den Marktverhältnissen für den Verkehr mit Waren oder gewerblichen Leistungen" (§§ 1 I, 22 IV GWB). Beide Voraussetzungen sind im vorliegenden Zusammenhang erfüllt. Denn die Beziehungen zwischen Gemeinde und regionalen Energieversorgungsunternehmen begründen einen „geschäftlichen Verkehr"; und die Nutzungsbefugnisse an den gemeindlichen Straßen, deren Gewährung das regionale Energieversorgungsunternehmen zur Leitungsverlegung begehrt, bilden „umschlagsfähige Güter" und damit „Waren oder gewerbliche Leistungen" i. S. des GWB[8]. Nach § 103 I GWB wird die sachliche Anwendbarkeit des GWB im Bereich der Versorgungswirtschaft allerdings in der Weise eingeschränkt, daß Verträge, durch die die Gemeinde einem Energieversorgungsunternehmen das Recht der ausschließlichen

---

[4] Vgl. BGH (GSZ), DVBl 77, 177 (178 ff.) = BGHZ 66, 229 ff.; BGH (GSZ), GewArch 76, 375 ff. = JZ 76, 787 ff. = BGHZ 67, 81 ff.; vgl. weiterhin BGH, VersR 76, 996 (997); BKartA, WRP 76, 344 (345 ff.).

[5] A. A. zu Unrecht Emmerich, JuS 70, 332 (338); ders., Die AG 76, 225 (230).

[6] BGHZ 36, 91 (103); BGH (GSZ), GewArch 76, 375; vgl. weiterhin bereits R. Scholz, ZHR 132, 125 ff.; Schwarz, Die wirtschaftliche Betätigung der öffentlichen Hand im Kartellrecht, 1969, S. 54 ff.

[7] Vgl. z. B. BGHZ 36, 103; BGH (GSZ), GewArch 76, 375 f.; BGH (GSZ), DVBl 77, 178 f.; Lukes, Benutzung öffentlicher Wege, S. 61 ff., 79 ff.; Emmerich, Die AG 76, 228 ff.; Malzer, WuW 62, 255 ff.; 74, 820; Reimann, WRP 67, 152 (159 f.); R. Scholz, ZHR 132, 125 ff.

[8] Vgl. Lukes, S. 62 f., 83; Malzer, WuW 62, 256.

2. Regionale Energieversorgung und Schutzregeln des GWB

Versorgung einräumt (etc.), von der Anwendung der §§ 1, 15, 18 GWB ausgenommen werden[9]. Die im Konzessionsvertrag selbst angelegte Wettbewerbsbeschränkung sieht sich m. a. W. von der Anwendung des Gesetzes gegen Wettbewerbsbeschränkungen (GWB) partiell freigestellt[10]. Keine Freistellung besteht dagegen für die Vorschriften der Mißbrauchsaufsicht, insbesondere für die Tatbestände der §§ 22, 26 II GWB (vgl. §§ 104, 104 a GWB)[11]. Abgesehen davon, daß diese Tatbestände sich hier als ohnehin allein einschlägig erweisen werden, bleibt die Freistellungsnorm des § 103 I GWB auch deshalb ohne Bedeutung, weil es im hiesigen Problemzusammenhang nicht um die Frage der (legitimen) Wettbewerbsbeschränkung durch einen Konzessionsvertrag, sondern um den Bestand, den Abschluß, die Kündigung und die (Nicht-)Verlängerung von Konzessionsverträgen geht; und diese Sachverhalte erfaßt § 103 I GWB prinzipiell nicht[12].

Zusammengefaßt ergibt sich demnach, daß sowohl die Verhaltensnormen des GWB als auch die des UWG auf das Verhalten der Gemeinde bei der Gewährung von Straßennutzungen zu Zwecken der leitungsgebundenen Energieversorgung grundsätzlich uneingeschränkte Anwendung finden.

2. Regionale Energieversorgung und Schutzregeln des GWB

a) Im Rahmen des GWB können sich Grenzen der kommunalen Betätigungsfreiheit bei der Vergabe von Straßennutzungen aus dem Tatbestand der Abwehr des Mißbrauchs marktbeherrschender Unternehmensstellungen (§§ 22 IV, V GWB) sowie aus dem Tatbestand der Abwehr von Diskriminierungen gemäß § 26 II GWB ergeben. Während der Tatbestand des § 22 IV, V GWB jedoch lediglich der Kartellaufsicht das Recht zum Einschreiten verleiht und diese hierbei befugt, den potentiellen Mißbrauch zu untersagen sowie Verträge für unwirksam zu erklären[13], kann der betroffene Private im Rahmen des § 26 II GWB gegen die Gemeinde selbst im Klagewege vorgehen und gemäß §§ 35 I GWB, 249 S. 1 BGB i. V. m. § 26 II GWB (auch) den Abschluß eines nicht-diskriminierenden (Konzessions-)Vertrages verlangen[14]. Das Diskriminierungs-

---

[9] Zur Stellung der Versorgungswirtschaft im GWB vgl. allgemein bes. Immenga, Wettbewerbsbeschränkungen auf staatlich gelenkten Märkten, 1967, S. 216 ff.; Niederleithinger, Stellung der Versorgungswirtschaft, S. 155 ff.
[10] Zu den Gründen dieser Freistellung s. bes. BGH WuW/E 655 (656 f.); 1221 (1222 ff.); Lukes, S. 63 ff.; Niederleithinger, S. 155 ff.
[11] Vgl. näher z. B. Schwarz, Wirtschaftliche Betätigung, S. 206 ff.; Lukes, S. 76 ff., 79 ff.
[12] Vgl. auch Lukes, S. 63 ff.
[13] Vgl. u. a. BGH, NJW 76, 1169.
[14] Vgl. allgemein BGH WuW/E 1405 (1409); BGH, GewArch 76, 390 (391); BGHZ 36, 91 (100); Lukes, Benutzung öffentlicher Wege, S. 82; Emmerich, Die AG 76, 57 ff., 92 ff. (99); ders., BB 73, 1269 (1273).

verbot des § 26 II GWB gilt in diesem Sinne als Schutzgesetz i. S. des § 35 I GWB; für den Tatbestand des § 22 IV, V GWB verneint die h. M. dagegen den Charakter eines vergleichbaren Schutzgesetzes[15]. Diese herrschende Auffassung überzeugt jedoch nicht. Nach der bereits an anderer Stelle[16] dargelegten Gegenauffassung muß auch das Mißbrauchsverbot des § 22 GWB als Schutzgesetz bzw. auch als subjektiv-rechtlicher Abwehranspruch anerkannt werden[17]; mit der weiteren Konsequenz, daß der mißbrauchsgeschädigte Unternehmer sowohl im Zivilrechtsweg die Schadensersatzklage nach § 35 I GWB als auch im Kartellrechtsweg die Untätigkeitsbeschwerde gemäß § 62 III GWB gegenüber der Kartellaufsicht — gerichtet auf ein Einschreiten gemäß § 22 V GWB — erheben könnte[18]. Die Vorschrift des § 22 IV, V GWB ermächtigt die Kartellaufsicht zum Einschreiten. Das bedeutet, daß die Kartellaufsicht auch gegen eine kommunale Gebietskörperschaft vorgehen kann. Daß diese ihrerseits — ebenso wie die Kartellbehörde — Hoheitsträger ist, spielt dabei, ebenso wie im Falle der Energieaufsicht, keine Rolle[19]. Beiden Tatbeständen, sowohl dem des § 22 IV, V GWB als auch dem des § 26 II GWB, ist das Erfordernis der Marktbeherrschung zu eigen. Im übrigen sind beide Tatbestände in dem Sinne miteinander verwandt, daß Verletzungen des § 26 II GWB regelmäßig auch den Tatbestand des Mißbrauchs i. S. des § 22 IV GWB erfüllen[20].

Die *marktbeherrschende Unternehmensstellung*, die die Gemeinde bei der Vergabe von Straßennutzungen aufgrund ihres Wegemonopols einnimmt, ist unbestritten[21], so daß sich nunmehr fragt, ob die tatbestand-

---

[15] Vgl. BGH, NJW 74, 901 (902) m. Anm. Emmerich; Benisch, GWB. Gemeinschaftskommentar, 3. Aufl., § 35 Anm. 7, 16; Lukes, S. 79; Leo, WuW 59, 489 ff.; Goll, WuW 76, 291 ff.; s. allerdings auch KG, NJW 76, 806 (807).

[16] Vgl. R. Scholz, Wirtschaftsaufsicht und subjektiver Konkurrentenschutz, S. 61 ff.

[17] Vgl. weiterhin in diesem Sinne Mestmäcker, DB 68, 787 ff., 835 ff. (836); Möschel, NJW 75, 753 (757); Emmerich, Wirtschaftsrecht der öffentlichen Unternehmen, S. 336 ff.; ders., NJW 74, 902 (903); H.-U. Müller, WuW 77, 92 ff.; Sondergutachten 1 der Monopolkommission: Anwendung und Möglichkeiten der Mißbrauchsaufsicht über marktbeherrschende Unternehmen seit Inkrafttreten der Kartellgesetznovelle, 1975, S. 56.

[18] Vgl. namentlich zum letzteren bereits R. Scholz, Wirtschaftsaufsicht, S. 194 ff.

[19] Vgl. hierzu näher bereits R. Scholz, Gemeindliche öffentliche Einrichtungen, S. 151 f.

[20] Vgl. BGHZ 52, 65 (69); s. z. B. weiterhin auch BKartA, WRP 76, 344 (347 f.).

[21] Vgl. Lukes, Benutzung öffentlicher Wege, S. 79 ff.; Reimann, WRP 67, 159 f.; Malzer, WuW 62, 253; 74, 821; vgl. auch Biedenkopf - Kellmann, Wege- und kartellrechtliche Problematik, S. 23; allgemein vgl. zur marktbeherrschenden Stellung öffentlicher Unternehmen namentlich BGHZ 36, 91 (100); BGH WuW/E 273 (277 ff.); 675 (678); KG WuW/E OLG 307 (308 f.); Emmerich, Die AG 76, 57.

2. Regionale Energieversorgung und Schutzregeln des GWB

lichen Voraussetzungen der §§ 26 II, 22 IV GWB auch im übrigen bei der gemeindlichen Verweigerung einer Straßenbenutzung erfüllt sind.

b) Der Tatbestand des § 26 II GWB umfaßt *zwei Alternativen:* einmal das Gebot, „ein anderes Unternehmen in einem Geschäftsverkehr, der gleichartigen Unternehmen üblicherweise zugänglich ist, weder unmittelbar noch mittelbar unbillig zu behindern" oder — zum anderen — „gegenüber gleichartigen Unternehmen ohne sachlich gerechtfertigten Grund unmittelbar oder mittelbar unterschiedlich zu behandeln". Dabei zielt die erste Alternative vor allem auf den Schutz der Konkurrenten des diskriminierenden Unternehmens, während die zweite Alternative insbesondere die Unternehmen der folgenden und der vorangegangenen Marktstufe zu stützen sucht[22]. Im hiesigen Zusammenhang könnten beide Alternativen einschlägig sein: die erste Alternative unter dem Aspekt der Konkurrenz zwischen regionalem Energieversorgungsunternehmen und der Gemeinde, die ein gemeindeeigenes Energieversorgungsunternehmen errichten oder ausdehnen will; die zweite Alternative unter dem Aspekt der Verweigerung der Straßenbenutzung durch die Gemeinde gegenüber dem regionalen Energieversorgungsunternehmen als Vertreter der nachfolgenden Marktstufe. Beide Tatbestandsalternativen greifen damit eng ineinander; beide sind geeignet, Abwehr- bzw. Schutzansprüche zugunsten eines regionalen Energieversorgungsunternehmens zu begründen. Nach Auffassung von Biedenkopf-Kellmann[23] soll es allerdings bereits am Tatbestandsmerkmal des „Geschäftsverkehrs" fehlen, der „gleichartigen Unternehmen üblicherweise zugänglich ist"[24]. Mit Emmerich[25] ist demgegenüber jedoch festzustellen, daß auch die Verweigerung der Straßennutzung unter das Diskriminierungsverbot des § 26 II GWB fallen kann[26]. Denn ein Markt „gleichartiger Unternehmen" ist als solcher durchaus gegeben, wenngleich die Zahl der potentiellen Konkurrenten gering ist. Mit Recht weist im übrigen der BGH darauf hin, daß es nicht darauf ankomme, ob ein konkretes Wettbewerbsverhältnis bestehe[27]. Das Besondere des Diskriminie-

---

[22] Vgl. BGHZ 38, 90 (100 f.); 52, 65 (70); zur Rechtsprechung zu § 26 II GWB s. insgesamt eingehend Emmerich, Die AG 76, 57 ff., 92 ff.
[23] Vgl. Wege- und kartellrechtliche Problematik, S. 23.
[24] Vgl. auch Schricker, Wirtschaftliche Tätigkeit, S. 202 ff.; Fischerhof, ET 74, 224 ff.
[25] Vgl. Wirtschaftsrecht der öffentlichen Unternehmen, S. 341 ff.; BB 73, 1273 m. N. 40; Die AG 76, 61; 76, 230; JuS 70, 338; vgl. auch Lukes, Benutzung öffentlicher Wege, S. 83 f.
Nicht richtig dagegen Emmerich, Die AG 76, 58 mit der Annahme, daß § 26 II GWB einen privatrechtlich geordneten, also nicht öffentlich-rechtlichen Markt voraussetze.
[26] Vgl. weiterhin Hauptgutachten der Monopolkommission I 1973/1975: Mehr Wettbewerb ist möglich, 1976, S. 417; Malzer, WuW 62, 253; 74, 816 ff.; Lukes, S. 76, 79 ff.

rungsverbots liegt nämlich, wie der BGH im übrigen an anderer Stelle betont[28], darin, daß bestimmte Unternehmen (im entschiedenen Fall: Anbieter) von dem Diskriminierenden „in der Weise abhängig sind, daß ausreichende und zumutbare Ausweichmöglichkeiten nicht bestehen". Aus diesen Gründen greift der Tatbestand des § 26 II GWB grundsätzlich immer ein, wenn eine Gemeinde als Inhaberin des Wegemonopols bestimmten Energieversorgungsunternehmen die Verlegung von Leitungssystemen verweigert.

§ 26 II GWB untersagt Behinderungen, wenn diese *unbillig* sind. Eine Unbilligkeit in diesem Sinne ist aufgrund einer umfassenden Interessenabwägung unter Berücksichtigung der Grundzielsetzung des GWB, die Freiheit des Wettbewerbs zu schützen, festzustellen[29], wobei auch die Interessen Dritter (Verbraucher etc.) mit zu berücksichtigen sind[30]. Ungleichbehandlungen untersagt § 26 II GWB, wenn diese nicht durch einen sachlichen Grund gerechtfertigt werden, wobei das diskriminierende Unternehmen den gegebenenfalls rechtfertigenden sachlichen Grund darzutun und zu beweisen hat[31]. Inhaltlich orientiert die Rechtsprechung das Kriterium des sachlichen Grundes am allgemeinen Willkürverbot[32]; als Mindestanforderung postuliert sie, daß das Verhalten des betreffenden Unternehmens nicht „auf wirtschaftsfremden unternehmerischen Entscheidungen" beruhe[33] bzw. daß das inkriminierte Verhalten wenigstens durch „vernünftige kaufmännische oder betriebswirtschaftliche Gründe" gerechtfertigt werde[34].

Ein Unternehmen der regionalen Energieversorgung kann hiernach von der zuständigen (kraft Gebietsreform neu gebildeten oder veränderten) kommunalen Gebietskörperschaft die Verlängerung, Veränderung oder den Neuabschluß bzw. die Nicht-Kündigung eines Konzessionsvertrages verlangen, wenn die Gemeinde dem Energieversorgungsunternehmen dies in unbilliger oder willkürlicher Ungleichbehandlung verweigert hat (§§ 26 II, 35 I GWB, 249 S. 1 BGB). Das gleiche kann hinsichtlich einer späteren Wiederbegründung eines Konzessionsvertrages gelten, wenn die Gemeinde den ursprünglichen Konzessionsvertrag zunächst zwar in zulässiger Weise gekündigt oder nicht verlängert hat, die

---

[27] Vgl. BGHZ 52, 71.
[28] Vgl. GewArch 76, 391.
[29] Vgl. BGHZ 55, 72 f.; BGH, NJW 74, 2236; 75, 2065 (2067); BGH, GewArch 76, 390; Emmerich, Die AG 76, 93 mit umfangreichen weiteren Nachweisen.
[30] Vgl. BGHZ 52, 73; BGH, JuS 77, 124 (125).
[31] Vgl. BGH WuW/E 1200 (1202); Emmerich, Die AG 76, 96 m. w. Nachw.
[32] Vgl. BGH, NJW 75, 2068.
[33] BGH, NJW 75, 2068.
[34] Vgl. Emmerich, Die AG 76, 97 unter Zusammenfassung der Rechtsprechung.

2. Regionale Energieversorgung und Schutzregeln des GWB 101

tatsächlichen Voraussetzungen dieser Zulässigkeit sich im Verlauf der weiteren Entwicklung aber verändert haben[35].

Keine Unbilligkeit oder Willkür kann in der Ausübung der gemeindlichen Nutzungsvergabekompetenz als solcher gesehen werden. Denn da das Straßenrecht dem Privaten keinen Anspruch auf Straßennutzung einräumt und da das Energiewirtschafts- sowie Gemeindewirtschaftsrecht der Gemeinde auch das Recht gibt, die ausschließliche Straßennutzung dem eigenen Energieversorgungsunternehmen vorzubehalten, bedarf es zum Nachweis einer Diskriminierung im Sinne der einen oder anderen Tatbestandsalternative des § 26 II GWB weiterer spezifizierender Umstände[36]. Andererseits hat die Gemeinde jedoch keine völlig freie Hand. Sie muß ihre Entscheidung unter Wahrung der nach § 26 II GWB geschützten Interessen sowie der nach § 26 II GWB geforderten sachlichen Rechfertigung treffen. Beides setzt Gründe voraus, die konkret *für* das gemeindliche Verhalten sprechen. Keinesfalls genügend ist die abstrakte Berufung auf einen beliebigen „öffentlichen Zweck", und hieße dieser auch nur Stärkung der gemeindlichen Einnahmequellen[37].

Unter dem Aspekt des Interessenschutzes sind, wie gezeigt, nicht nur die Funktionsansprüche von Gemeinde und regionalen Energieversorgungsunternehmen allgemein, sondern auch — und namentlich — die Verbraucherinteressen der Abnehmer mit in den Abwägungsvorgang einzustellen. Hieraus folgt, daß ein Verstoß gegen § 26 II GWB bereits dann gegeben ist, wenn die *Energieversorgung der Gemeindeeinwohner* durch die Weigerung der Gemeinde, einen bestehenden Konzessionsvertrag zu verlängern, nicht zu kündigen usw. *offenkundig verschlechtert oder entsprechend gefährdet wird* (Gefahr preislicher oder sonstiger Nachteile etc.)[38]. Das gleiche gilt unter dem Aspekt eines sachlich rechtfertigenden Grundes; dessen Voraussetzungen sind nämlich nur dann erfüllt, wenn keine Verschlechterung oder Gefährdung der örtlichen Energieversorgung, vielmehr deren Verbesserung zu besorgen ist. Im einzelnen ist der Gemeinde allerdings ein Einschätzungsspielraum bzw. das Recht zur Entwicklungsprognose („*Entwicklungsspielraum*")[39] einzuräumen, z. B. hinsichtlich einer von der Gemeinde befürchteten Unsicherheit in der künftigen Energieversorgung[40]. Falls sich solche Be-

---

[35] Vgl. BGH, GewArch 76, 390 (391).
[36] Vgl. auch Lukes, S. 82, 83 ff.; Reimann, WRP 67, 160.
[37] Vgl. auch Emmerich, Der Wettbewerb der öffentlichen Hand, insbes. das Problem der staatlichen Versorgungsmonopole, 1971, S. 41 ff.
[38] Vgl. auch Reimann, WRP 67, 160.
[39] Zu diesem Institut s. m. w. Nachw. bereits näher R. Scholz, Wirtschaftsaufsicht und subjektiver Konkurrentenschutz, S. 106 ff.; ders., VVDStRL 34, 166 ff., 184 f.
[40] Vgl. Lukes, S. 84.

fürchtungen dagegen auf offenkundige Fehlprognosen stützen sollten, wären diese allerdings zur Rechtfertigung des gemeindlichen Verhaltens nicht geeignet[41]. Rechtfertigungsgeeignet sind dagegen technische oder kapazitätsmäßig bedingte Gründe, die die Gemeinde zur Ausschließung eines regionalen Energieversorgungsunternehmens veranlassen[42]. Weder interessenmäßig noch sachlich tragfähig sind dagegen *fiskalische Ziele* der Gemeinde. Wenn das Verhalten der Gemeinde allein oder vorrangig erwerbswirtschaftlich motiviert ist, sind beide Tatbestandsalternativen des § 26 II GWB erfüllt.

Vergleicht man diese Ergebnisse mit den Feststellungen, die oben[43] zum Gemeindewirtschaftsrecht getroffen wurden, so offenbaren sich die rechtlichen Parallelen — Parallelen, die für die aufgezeigten Konstellationen zur Schlußfolgerung führen, daß vor allem ein gemeindewirtschaftsrechtlich legitimiertes Verhalten der Gemeinde zugleich eine Verletzung des Diskriminierungsverbots aus § 26 II GWB tatbestandlich auszuschließen vermag[44]. Im Gegensatz zum fehlenden subjektiv-rechtlichen Schutzanspruch des Privaten im Gemeindewirtschaftsrecht verleiht § 26 II GWB i. V. m. §§ 35 I GWB, 249 S. 1 BGB diesem den einklagbaren Anspruch auf (Weiter-)Gewährung des gemeindlichen Straßengeländes[45]. Hat die Gemeinde vorher und mit entsprechender Ausschließlichkeitsvereinbarung mit einem dritten, gegebenenfalls eigenen Energieversorgungsunternehmen einen (neuen) Konzessionsvertrag abgeschlossen, so kann dieser Vertrag gemäß §§ 134, 138 BGB nichtig sein[46].

c) Mit der Feststellung, unter welchen Voraussetzungen der Tatbestand des § 26 II GWB erfüllt ist, ist zugleich dargetan, unter welchen Voraussetzungen ein Verstoß gegen das (allgemeine) Mißbrauchsverbot des § 22 IV GWB gegeben sein kann[47]. Sind diese Voraussetzungen erfüllt, so kommt ein Einschreiten der Kartellaufsicht gemäß § 22 V GWB gegen die jeweils mißbräuchlich handelnde Gemeinde in Betracht[48].

---

[41] Vgl. näher bereits und m. w. Nachw. hierzu R. Scholz, Wirtschaftsaufsicht und subjektiver Konkurrentenschutz, S. 107 ff.; ders., VVDStRL 34, 184 f.

[42] Vgl. Reimann, WRP 67, 160; Lukes, S. 84.

[43] Vgl. sub V 4.

[44] Vgl. in allgemeinerer Blickrichtung hier auch Hoppe, DVBl 65, 581 (584 ff.).

[45] Vgl. bes. Emmerich, BB 73, 1273; ders., Wirtschaftsrecht der öffentlichen Unternehmen, S. 342; ders., Die AG 76, 230; ders., JuS 70, 338; Malzer, WuW 62, 253; 74, 821; s. auch Lukes, Benutzung öffentlicher Wege, S. 76, 79 ff., 82.

[46] Vgl. Hoppe, DVBl 65, 588.

[47] Zum Tatbestand des Mißbrauchsverbots vgl. grundlegend vor allem J. Baur, Der Mißbrauch im deutschen Kartellrecht, 1972, bes. S. 43 ff., 109 ff., 196 ff.

[48] Vgl. auch Reimann, WRP 67, 160; Malzer, WuW 62, 253; 74, 821; vgl. andererseits allerdings auch Lukes, S. 81 ff.

3. Regionale Energieversorgung und Schutzregeln des UWG

Neben den Schutzansprüchen, die sich für das private Energieversorgungsunternehmen aus dem GWB ergeben, stehen Schutzansprüche wegen unlauteren Wettbewerbs i. S. des § 1 UWG (i. V. m. § 1004 BGB). Materiell gehören vor allem der Behinderungstatbestand des § 26 II GWB und das Verbot des § 1 UWG, „im geschäftlichen Verkehre" Handlungen vorzunehmen, „die gegen die guten Sitten verstoßen", in engster Weise zusammen[49]. Gleichzeitig ist jedoch festzuhalten, daß der Tatbestand des § 26 II GWB den auch wettbewerbsrechtlich sachnächsten Kontrollmaßstab für Fälle der hier zur Untersuchung stehenden Art formuliert[50].

Nach § 1 UWG unzulässige Verhaltensweisen liegen nach h. M.[51] u. a. darin, daß die öffentliche Hand öffentliche Mittel in zweckwidriger Weise (mißbräuchlich) zu Wettbewerbszwecken einsetzt[52] oder daß die öffentliche Hand eine ihr kraft öffentlichen Rechts zustehende Monopolstellung im Wettbewerb mißbraucht[53], z. B. zu rein erwerbswirtschaftlichen Zwecken[54].

Im Rahmen des Maßstabs der *guten Sitten* sind dabei — ähnlich wie im Rahmen des § 26 II GWB — nicht nur die Interessen des unmittelbar betroffenen Konkurrenten, sondern auch die der wettbewerblich nachgeordneten Verbraucher (Schutz der Allgemeinheit) zu beachten[55]. Andererseits ist zu beachten, daß der (bloße) Gesetzesverstoß der öffentlichen Hand — z. B. die Überschreitung kompetenzrechtlicher Grenzen — allein noch nicht den Vorwurf der Sittenwidrigkeit zu begründen vermag[56]. Aus diesem Grunde vermag auch der bloße Verstoß gegen die Kompetenzbestimmungen des Gemeindewirtschaftsrechts noch keinen

---

[49] Vgl. z. B. Emmerich, Die AG 76, 93; R. Scholz, ZHR 132, 147.

[50] Vgl. Emmerich, Der unlautere Wettbewerb der öffentlichen Hand, 1969, S. 73.

[51] s. allgemein hierzu und m. w. Nachw. bes. Schricker, Wirtschaftliche Tätigkeit der öffentlichen Hand, S. 102 ff., 168 ff.; Emmerich, Unlauterer Wettbewerb, S. 24 ff.; R. Scholz, ZHR 132, 139 ff.

[52] Vgl. im einzelnen z. B. Schricker, S. 209 f.; Emmerich, Unlauterer Wettbewerb, S. 24 ff.; R. Scholz, ZHR 132, 139 ff.

[53] Vgl. im einzelnen Emmerich, Unlauterer Wettbewerb, S. 71 ff.; Schricker, S. 202 ff.; R. Scholz, ZHR 132, 139 ff.; vgl. namentlich auch BGH WuW/E 273 (275 f.).

[54] Vgl. z. B. BVerwGE 39, 329 (337); R. Scholz, ZHR 132, 141; vgl. weiterhin auch BGH WuW/E 275 f.

[55] Vgl. BGHZ 23, 365 (371); Kraft, Interessenabwägung und gute Sitten im Wettbewerbsrecht, 1963, S. 193 ff.; R. Scholz, ZHR 132, 111 jeweils mit weiteren Nachweisen.

[56] Vgl. Emmerich, Unlauterer Wettbewerb, S. 59 ff.; R. Scholz, ZHR 132, 140; Zumpe, Rechtliche Grenzen der kommunalen Wohnraumvermittlung, S. 89 ff.; a. A. allerdings Kraft, S. 134 ff.

Verstoß gegen § 1 UWG zu begründen[57]. Ein solcher Verstoß ist dagegen, wie der BGH im sog. Blockeis-Fall ausgeführt hat[58], dann gegeben, wenn die Gemeinde die ihr vom Gemeindewirtschaftsrecht auferlegten Kompetenzgrenzen vorsätzlich und planmäßig überschreitet, obwohl die Rechtsaufsichtsbehörde dies (bereits) beanstandet und/oder obwohl die Gemeinde den privaten Konkurrenten gegenteilige Zusagen gegeben hat[59].

Für die hiesige Fragestellung folgt aus diesen Grundsätzen, daß ein regionales Energieversorgungsunternehmen vor allem dann die Unterlassung gemeindlicher Energieversorgungskonkurrenz und den Fortbestand der konzessionsvertraglich gewährten Straßenbenutzung verlangen kann, wenn die Gemeinde die Verlängerung oder den Neuabschluß eines Konzessionsvertrages allein aus planmäßig und vorsätzlich betriebener Erwerbswirtschaft verweigert und wenn hierdurch gleichzeitig die Versorgungsinteressen der Gemeindeeinwohner beeinträchtigt oder auch gefährdet werden. Ein solches Mißbrauchsverhalten der Gemeinde verletzt den Tatbestand des § 1 UWG sowohl unter dem Gesichtspunkt des zweckwidrigen Einsatzes öffentlicher Mittel zu Wettbewerbszwecken (Mißbrauch des Straßeneigentums und der Straßenbaulast) als auch unter dem Gesichtspunkt des Monopolmißbrauchs (Mißbrauch des gemeindlichen Wegemonopols)[60].

4. Zusammenfassung

Insgesamt ist demgemäß festzustellen, daß die Verfügungsbefugnis der Gemeinden bzw. der durch die Gebietsreform neu gebildeten oder veränderten kommunalen Gebietskörperschaften über ihre Straßenrechte zu Zwecken der Energieversorgung auch wettbewerbsrechtlichen Schranken unterliegt. Die mißbräuchliche Verweigerung der Gewährung von Straßennutzungsrechten kann gegen die Tatbestände der §§ 26 II, 22 IV GWB, 1 UWG verstoßen und zugunsten der betroffenen regionalen Energieversorgungsunternehmen nach Maßgabe dieser Bestimmungen Schutzrechte begründen.

---

[57] Vgl. Emmerich, Unlauterer Wettbewerb, S. 64 f.; H. Klein, Teilnahme des Staates, S. 242 f.; Zumpe, S. 89 ff.; s. auch R. Scholz, ZHR 132, 140 f.; a. A. allerdings wohl Hoppe, DVBl 65, 584 ff.
[58] Vgl. DVBl 65, 362 (363 f.).
[59] Zur Kritik an dieser Entscheidung des BGH vgl. allerdings auch H. Klein, Teilnahme des Staates, S. 242 f.
[60] Zum Wegemonopol und dessen Mißbrauch s. auch BGH WuW/E 275 f.

IX. Ergebnisse

1. Die Unternehmen der kommunalen und der privaten (regionalen) Energieversorgung verfügen im kommunalen Raum über ein gleichberechtigtes Funktionsmandat, das vor allem von den Prinzipien der gemeinsamen Verantwortung für eine sichere, funktionsfähige und leistungsfähige Versorgung der Gemeindeeinwohner sowie vom Gedanken der kooperativen Verantwortung auch im Bereich regionaler Verbundwirtschaft getragen wird. Dieses System ist verfassungsrechtlich, gemeindewirtschaftsrechtlich sowie energiewirtschaftsrechtlich legitimiert bzw. vorgeformt.

2. Die kommunale Gebietsreform berührt die Stellung der regionalen Energieversorgungsunternehmen in der Regel nicht unmittelbar. Mittelbare Folgen können sich aber auf der Grundlage der Rechts- und Pflichtennachfolge von neugebildeten, veränderten oder zusammengelegten kommunalen Gebietskörperschaften ergeben. Schädliche Auswirkungen drohen von solchen Folgemaßnahmen insbesondere dann, wenn die Gemeinden zu vor allem erwerbswirtschaftlich motivierten Konkurrenzmaßnahmen greifen oder mit ähnlichen Motiven die regionalen Energieversorgungsunternehmen von der örtlichen Energieversorgung unter Ausnutzung ihres Wegemonopols ausschließen. Konkurrenz-, Verdrängungs- oder Ausschlußmaßnahmen dieser Art können überdies die Sicherheit, Funktionsfähigkeit und Sozialgerechtigkeit der Energieversorgung bedrohen.

Maßnahmen dieser Art unterliegen den nachstehenden rechtlichen Schranken.

3. Aus der Sicht der Gebietsreform und ihrer zentralen Zielsetzung, nicht nur äußerlich vergrößerte, sondern auch und vor allem durch Konzentration leistungsstärkere Gebietskörperschaften zu schaffen, ist es den kommunalen Gebietskörperschaften nicht erlaubt, gerade unter Konzentrationsaspekten intakte und leistungsstarke Strukturen der regionalen Energieversorgung — etwa durch die Rückkehr zu örtlich begrenzten, weniger leistungsfähigen Versorgungsstrukturen — zu beeinträchtigen. Von besonderer Bedeutung sind insofern die sozialstaatlichen Zielsetzungen der kommunalen Gebietsreform; sie fordern auch von den neugebildeten Gebietskörperschaften eine adäquate und kontinuitätsgerechte Umsetzung oder Fortsetzung der gebietsreformerischen Zielsetzungen — eine Aufgabe, die durch die Auflösung intakter Struk-

turen transkommunaler regionaler Versorgungswirtschaft gefährdet werden kann.

4. Rechtlich bedingt die leitungsgebundene Energieversorgung die Nutzung der gemeindlichen Straßen. Das insoweit maßgebende Instrumentarium des Konzessionsvertrages ist nicht nur privat-, sondern auch öffentlich-rechtlicher Art. Der Konzessionsvertrag bildet des weiteren nicht nur ein Institut des Straßenrechts, sondern auch ein Institut des Gemeindewirtschaftsrechts (Konzessionsvertrag als Instrument ebenso legitimer, wie inhaltlich gebundener gemeindlicher Wirtschaftsförderung).

5. Das Gemeindewirtschaftsrecht verpflichtet jede Maßnahme gemeindlicher Eigenwirtschaft wie gemeindlicher Wirtschaftsförderung den Grundsätzen eines öffentlichen (Versorgungs-)Zwecks, einer wirtschaftlichen und bedarfsgerechten Verwaltungsführung sowie der Rücksicht auf den privaten Wettbewerber. Das Gemeindewirtschaftsrecht schließt insbesondere alle Maßnahmen aus, die rein oder vorrangig erwerbswirtschaftlich motiviert sind. Diesen Grundsätzen sind nicht nur kommunale Eigenunternehmen, sondern auch die wirtschaftslenkenden Instrumentarien des Konzessionsvertrages verpflichtet. Verletzt die Gemeinde diese Grundsätze, so ist die Kommunalaufsicht zum Einschreiten berufen.

6. Die gleichen Grundsätze ergeben sich aus dem Energiewirtschaftsrecht. Sofern gemeindliche Folgemaßnahmen nach der Gebietsreform die Sicherheit und Funktionsfähigkeit der öffentlichen Energieversorgung bedrohen, ist die zuständige Energieaufsicht zum Einschreiten insbesondere gemäß §§ 4, 8 EnWG berufen.

In rechtspolitischer Sicht ist das diesbezügliche Eingriffsinstrumentarium der Energieaufsicht jedoch weiter auszubauen.

7. Die vorstehenden Beschränkungen der gemeindlichen Betätigungsfreiheit setzen sich im System des öffentlichen Straßenrechts fort. Auch das gemeindliche (privatrechtliche) Straßeneigentum ermächtigt die Gemeinden nicht, ihren materiellen Verpflichtungen aus dem Gemeindewirtschaftsrecht und dem Energiewirtschaftsrecht zu Lasten der Unternehmen der regionalen Energieversorgung auszuweichen.

8. Regionale Energieversorgungsunternehmen, die von schädigenden Folgemaßnahmen kommunaler Gebietskörperschaften betroffen sind, werden damit in ihren Grundrechten aus Art. 12 I GG (freie Berufsausübung) und insbesondere aus Art. 14 GG (Eigentumsschutz für das Recht am Unternehmen) tangiert. Grundrechtlicher Schutz ergibt sich für die regionalen Energieversorgungsunternehmen aus der Sicht des Art. 12 I GG insbesondere dann, wenn die kommunalen Folgemaßnahmen vornehmlich fiskalisch-erwerbswirtschaftlichen Zielen dienen. Aus der Sicht

IX. Ergebnisse

des Art. 14 GG kommt ein Schutz der gewerblichen Existenz regionaler Energieversorgungsunternehmen insbesondere unter dem Aspekt des Vertrauensschutzes kraft „veranlaßter Disposition" in Betracht.

9. Gemeindliche Folgemaßnahmen, die sich verfügungsmäßig auf das kommunale Wegemonopol stützen, unterstehen auch den Bindungen des Wettbewerbsrechts. Für die regionalen Energieversorgungsunternehmen können sich Schutzansprüche insbesondere aus der Verletzung der Tatbestände der §§ 26 II, 22 IV GWB und des § 1 UWG ergeben.

10. Die Unternehmen der regionalen Energieversorgung verfügen insgesamt zwar über keinen absoluten Bestandsschutz für ihre energiewirtschaftlichen und gewerblichen Positionen im gemeindlichen Raum. Aus den genannten Vorschriften des Gebietsreformrechts, des Gemeindewirtschaftsrechts, des Energiewirtschaftsrechts, des Straßenrechts, des Verfassungsrechts und des Wettbewerbsrechts ergeben sich jedoch wirksame Schutzmöglichkeiten im Einzelfall.

Literatur

Badura, Peter: Das Verwaltungsmonopol, Berlin 1963

Bartlsperger, Richard: Die Werbenutzungsverträge der Gemeinden, Stuttgart - Berlin - Mainz - Köln 1975

Baur, Jürgen F.: Der Mißbrauch im deutschen Kartellrecht, Tübingen 1972

Bettermann, Karl August: Gewerbefreiheit der öffentlichen Hand, in: Berliner Festschrift für Ernst E. Hirsch, Berlin 1968, S. 1 ff.

— Die Verfassungsmäßigkeit von Versicherungszwang und Versicherungsmonopolen öffentlich-rechtlicher Anstalten insbesondere bei der Gebäudeversicherung, WiR 1973, 241 ff.

Biedenkopf, Kurt Hans - *Kellmann*, Christof: Die wege- und kartellrechtliche Problematik der Verlegung von Energieversorgungsleitungen für den Eigenbedarf, Essen 1970

Börner, Bodo: Ermessen und Energiewirtschaftsgesetz, Düsseldorf 1965

Brauksiepe, Jochen: Versorgungswirtschaft und kommunale Neuordnung, Stuttgart - Berlin - Köln - Mainz 1972

Braun, Dieter: Gemeindewirtschaftsrecht und regionale Energieversorgung, ET 1976, 167 ff.

Bullinger, Martin: Die Mineralölfernleitungen, Stuttgart 1962

Burmeister, Joachim: Zur Staatshaftung für Planschäden der Wirtschaft, Die Verwaltung 1969, 21 ff.

Burski, Ulrich v.: Die Gemeindereform — Rechtsprechung des baden-württembergischen Staatsgerichtshofs, DÖV 1976, 810 ff.

Degenhart, Christoph: Systemgerechtigkeit und Selbstbindung des Gesetzgebers als Verfassungspostulat, München 1976

Depenbrock, Johannes: Die Stellung der Kommunen in der Versorgungswirtschaft. Ein Beitrag zum Wirtschaftsverfassungsrecht, München - Berlin 1961

Egerer, Jürgen: Der Plangewährleistungsanspruch, Baden-Baden 1971

Eiser, Ernst - *Riederer*, Johann - *Obernolte*, Wolfgang: Energiewirtschaftsrecht, Kommentar, München 1976

Emmerich, Volker: Das Wirtschaftsrecht der öffentlichen Unternehmen, Bad Homburg v. d. H. - Berlin - Zürich 1969

— Der unlautere Wettbewerb der öffentlichen Hand, Tübingen 1969

— Die kommunalen Versorgungsunternehmen zwischen Wirtschaft und Verwaltung. Zur Stellung der Gemeinden in der Energieversorgung, Frankfurt a. M. 1970

— Der Wettbewerb der öffentlichen Hand, insbesondere das Problem der staatlichen Versorgungsmonopole. Dargestellt am Beispiel der Produktion des Instituts für Film und Bild in Wissenschaft und Unterricht in München. Ein Rechtsgutachten, Frankfurt a. M. 1971

Emmerich, Volker: Überlegungen zur Reform des Konzessionsabgabenwesens, BB 1973, 1269 ff.
— Die höchstrichterliche Rechtsprechung zum Diskriminierungsverbot (§ 26 Abs. 2 GWB), Die AG 1976, 57 ff., 92 ff.
— Die öffentliche Unternehmung im deutschen Konzern- und Wettbewerbsrecht, Die AG 1976, 225 ff.

Evers, Hans-Ulrich: Das Recht der Energieversorgung, München 1974

Fischerhof, Hans: Öffentliche Versorgung mit Wasser, Gas, Elektrizität und öffentliche Verwaltung, DÖV 1957, 305 ff.
— „Daseinsvorsorge" und wirtschaftliche Betätigung der Gemeinden, DÖV 1960, 41 ff.

Flämig, Christian: Gemeindefinanzen und kommunale Wirtschaftsentwicklungsplanung, Baden-Baden 1974

Forsthoff, Ernst: Die Verwaltung als Leistungsträger, Stuttgart - Berlin 1938
— Rechtsfragen der leistenden Verwaltung, Stuttgart 1959

Friedrich, Peter: Standorttheorie für öffentliche Verwaltungen, Baden-Baden 1976

Friesenhahn, Ernst: Grundgesetz und Energiewirtschaft, in: Probleme des Energierechts, Frankfurt/M. 1965, S. 12 ff.

Fröhler, Ludwig - *Kormann*, Joachim: Die Auswirkungen staatlicher Gebietsreformen auf den Bezirk von Handwerksinnungen, GewArch 1976, 313 ff.

Gönnenwein, Otto: Gemeinderecht, Tübingen 1963

Gröner, Helmut: Die Ordnung der deutschen Elektrizitätswirtschaft, Baden-Baden 1975

Göttrup, Hendrik: Die kommunale Leistungsverwaltung, Stuttgart - Berlin - Köln - Mainz 1973
— Bürgerliches Recht und Gemeinderecht. Zum Problem ihrer Abgrenzung, AfK 1967, 98 ff.

Grupp, Klaus: Wirtschaftliche Betätigung der öffentlichen Hand unter dem Grundgesetz, ZHR 140 (1976), 367 ff.

Hassel, Volker: Rechtsfolgen kommunaler Gebietsreform. Dargestellt am Beispiel Nordrhein-Westfalen, Siegburg 1975

Heydt, Volker: Können die Länder in ihren Gemeindeordnungen die Wirkungen einer Auseinandersetzung auf privatrechtlichem Gebiet regeln?, DVBl 1965, 509 ff.

Hoffmann-Becking, Michael: Die Begrenzung der wirtschaftlichen Betätigung der öffentlichen Hand durch Subsidiaritätsprinzip und Übermaßverbot, in: Festschrift für Hans J. Wolff, München 1973, S. 445 ff.

Hohlfelder, Walter H.: Folgeprobleme der kommunalen Neugliederung am Beispiel der neuen Stadt Bonn unter besonderer Berücksichtigung der bundeshauptstädtischen Probleme, Bonn 1975

Hoppe, Werner: Erdgasversorgung durch gemeindliche Unternehmen, DVBl 1965, 581 ff.
— Die kommunale Gebietsreform im Spannungsfeld von Neuordnungsmodellen und Einzelmaßnahmen, DVBl 1971, 473 ff.

Hoppe, Werner - *Rengeling*, Hans-Werner: Rechtsschutz bei der kommunalen Gebietsreform. Verfassungsrechtliche Maßstäbe zur Überprüfung von Neugliederungsgesetzen, Frankfurt/M. 1973

Immenga, Ulrich: Wettbewerbsbeschränkungen auf staatlich gelenkten Märkten, Tübingen 1967

Ipsen, Hans-Peter: Plangewährleistung, in: Festschrift für Ernst Rudolf Huber, Göttingen 1973, S. 219 ff.

Kimminich, Otto: Verfassungsrechtliche Probleme einer Neuregelung der vertraglichen Grundlagen für die örtliche Energieversorgung, Köln 1974

Klein, Hans H.: Die Teilnahme des Staates am wirtschaftlichen Wettbewerb, Stuttgart - Berlin - Köln - Mainz 1968

Knemeyer, Franz-Ludwig: Gebietsreform in Bayern, DÖV 1972, 346 ff.

Köttgen, Arnold: Die Gemeinde und der Bundesgesetzgeber, Stuttgart 1957

— Die wirtschaftliche Betätigung der Gemeinden, in: Hundert Jahre Deutsches Rechtsleben, Festschrift zum hundertjährigen Bestehen des Deutschen Juristentages, 1860 - 1960, Bd. I, Karlsruhe 1960, S. 577 ff.

— Gemeindliche Daseinsvorsorge und gewerbliche Unternehmerinitiative im Bereiche der Wasserversorgung und Abwässerbeseitigung, Göttingen 1961

— Der heutige Spielraum kommunaler Wirtschaftsförderung. Raumordnung und gesetzesfreie Verwaltung, Göttingen 1963

Kriele, Martin: Plangewährleistungsansprüche?, DÖV 1967, 531 ff.

Ladewig, Wolfgang: Die Energieversorgungsunternehmen in der Raumordnung, Gräfelfing - München 1970

Lange, Klaus: Systemgerechtigkeit, Die Verwaltung 1971, 259 ff.

Leisner, Walter: Grundeigentum und Versorgungsleitungen. Zur Entschädigung bei „Durchschneidungsschäden", Berlin 1973

Lerche, Peter: Verfassungsfragen zur Sozialhilfe und Jugendwohlfahrt. Rechtsgutachten zur Verfassungsmäßigkeit des Bundessozialhilfegesetzes vom 30. Juni 1961 (BGBl. I S. 815) und des Bundesgesetzes vom 11. August 1961 (BGBl. I S. 1193/1206) zur Änderung und Ergänzung des Reichsjugendwohlfahrtsgesetzes, Berlin 1963

Linden, Edmund: Theorie und Praxis der kommunalen Wirtschaftsförderung, Düsseldorf 1972

Loschelder, Wolfgang: Kommunale Selbstverwaltungsgarantie und gemeindliche Gebietsgestaltung, Berlin 1976

Lukes, Rudolf: Die Benutzung öffentlicher Wege zur Fortleitung elektrischer Energie, Frankfurt a. M. 1973

Malzer, Georg: Das Recht der Energielieferungsverträge. Lieferung von Elektrizität und Gas an Industriebetriebe, Heidelberg 1976

— Die Benutzung öffentlicher Wege zur Leitungsverlegung durch Versorgungsunternehmen und industrielle Eigenanlagen in kartellrechtlicher Sicht, WuW 1962, 252 ff.

— Umfang des ausschließlichen Wegerechts zur Leitungsverlegung bei öffentlicher Versorgung und Eigenversorgung, WuW 1974, 816 ff.

Maunz, Theodor: Grundfragen des Energiewirtschaftsrechts, VerwArch. 50 (1959), 315 ff.

Möller, Ferdinand: Kommunale Wirtschaftsförderung, Stuttgart - Köln 1963
— Gemeindliche Subventionsverwaltung, Stuttgart - Köln 1963

Müller, Wolfgang-Hans: Inhaltliche und formale Organisation kommunaler Wirtschaftsförderung, AfK 1976, 186 ff.

Nesselmüller, Günter: Rechtliche Einwirkungsmöglichkeiten der Gemeinden auf ihre Eigengesellschaften, Siegburg 1977

Niederleithinger, Ernst: Die Stellung der Versorgungswirtschaft im Gesetz gegen Wettbewerbsbeschränkungen, Düsseldorf 1968

Obermayer, Klaus - *Steiner*, Udo: Die Monopole der öffentlichen Sachversicherung und das Grundrecht der Berufsfreiheit, NJW 1969, 1457 ff.

Oldiges, Martin: Grundlagen eines Plangewährleistungsrechts, Bad Homburg - Berlin - Zürich 1970

Ossenbühl, Fritz: Die Plangewährleistung, JuS 1975, 545 ff.

Pappermann, Ernst - *Roters*, Wolfgang - *Vesper*, Emil: Maßstäbe für die Funktionalreform im Kreis. Exemplarische Erläuterung am Beispiel Nordrhein-Westfalens, Köln 1976

Peters, Hans - *Salzwedel*, Jürgen: Die Kostenteilung zwischen Straßenbaulastträgern und öffentlichen Verkehrsunternehmern. Grundfragen des Personenbeförderungs- und Wegerechts, Berlin 1960

Püttner, Günter: Die öffentlichen Unternehmen. Verfassungsfragen zur wirtschaftlichen Betätigung der öffentlichen Hand, Bad Homburg v. d. H. - Berlin - Zürich 1969
— Das Recht der kommunalen Energieversorgung. Zum Problem der besonderen öffentlichen Aufgaben der Gemeindeunternehmen, Stuttgart - Berlin - Köln - Mainz 1967
— Empfiehlt es sich, durch Ergänzung von Artikel 75 GG dem Bund die Befugnis zum Erlaß von Rahmenvorschriften im Gemeindewesen zu verleihen?, Gutachten zum 49. Deutschen Juristentag, Bd. I, München 1972, Teil F 1 - 52

Quack, Klaus: Die Beendigung von Strom-Konzessionsverträgen, AöR 91 (1966), 355 ff.

Reimann, Günter: Energieverbraucher und Kartellrecht, WRP 1967, 152 ff.

Rengeling, Hans-Werner: Verwaltungswissenschaftliche Grundlagen der kommunalen Gebietsreform, DVBl 1976, 353 ff.

Salzwedel, Jürgen: Kommunale Gebietsänderung und Selbstverwaltungsgarantien, DÖV 1969, 810 ff.

Schack, Friedrich: Das rechtliche Wesen der wegerechtlichen Sondernutzung nach altem und neuem Recht, VerwArch 54 (1963), 43 ff.

Scholz, Rupert: Das Wesen und die Entwicklung der gemeindlichen öffentlichen Einrichtungen. Zugleich ein Beitrag zur Lehre von der Garantie der kommunalen Selbstverwaltung (Art. 28 Abs. 2 GG), Berlin 1967
— Konzentrationskontrolle und Grundgesetz, Stuttgart 1971

Scholz, Rupert: Wirtschaftsaufsicht und subjektiver Konkurrentenschutz. Insbesondere dargestellt am Beispiel der Kartellaufsicht, Berlin 1971
— Öffentliche und Privatversicherung unter der grundgesetzlichen Wirtschafts- und Sozialordnung, in: Festschrift für Karl Sieg, Karlsruhe 1976, S. 507 ff.
— Grenzen staatlicher Aktivität unter der grundgesetzlichen Wirtschaftsverfassung, in: D. Duwendag (Hrsg.), Der Staatssektor in der sozialen Marktwirtschaft, Berlin 1976, S. 113 ff.
— Wettbewerbsrecht und öffentliche Hand, ZHR 132 (1969), 97 ff.
— Wettbewerb der öffentlichen Hand — Sanktions- und Rechtswegprobleme zwischen öffentlichem Recht und Privatrecht, NJW 1974, 781 f.
— Neue Entwicklungen im Gemeindewirtschaftsrecht. Strukturfragen und Verfassungskritik, DÖV 1976, 441 ff.

Schricker, Helmut: Wirtschaftliche Tätigkeit der öffentlichen Hand und unlauterer Wettbewerb, München - Köln - Berlin 1964

Schwarz, Theo: Die wirtschaftliche Betätigung der öffentlichen Hand im Kartellrecht, Köln - Bonn - Berlin - München 1969

Siedentopf, Heinrich: Grenzen und Bindungen der Kommunalwirtschaft. Die wirtschaftliche Betätigung der Gemeinden im System des Privatrechts und Verwaltungsrechts, Stuttgart 1963
— Zu den Grenzen neuer kommunalverfassungsrechtlicher Organisationsformen, Die Verwaltung 1971, 279 ff.

Soell, Herrmann: Gebietsreform im Stadtumland und Verfassungsrecht, BayVBl 1977, 1 ff., 41 ff.

Stahl, Leo: Kommunale Wirtschaftsförderung. Praxis und rechtliche Problematik, Köln - Berlin 1970

Stern, Klaus: Die verfassungsrechtliche Position der kommunalen Gebietskörperschaften in der Elektrizitätsversorgung, Berlin - Frankfurt a. M. 1966
— Zur Problematik des energiewirtschaftlichen Konzessionsvertrages, AöR 84 (1959), 137 ff., 273 ff.
— Der rechtliche Standort der Gemeindewirtschaft, AfK 1964, 81 ff.
— Die öffentliche Sache, VVDStRL 21, 183 ff.

Stern, Klaus - *Burmeister,* Joachim: Die kommunalen Sparkassen. Verfassungs- und verwaltungsrechtliche Probleme, Stuttgart - Berlin - Köln - Mainz 1972
— Die Verfassungsmäßigkeit eines landesrechtlichen Planungsgebots für Gemeinden, Düsseldorf 1975

Stern, Klaus - *Nierhaus,* Michael: Rechtsfragen der Neuordnung des Sparkassenwesens als Folge kommunaler Neugliederung — Dargestellt am Raum Köln, München 1976

Stern, Klaus — *Püttner,* Günter: Die Gemeindewirtschaft — Recht und Realität, Stuttgart - Berlin - Köln - Mainz 1965

Stüer, Bernhard: Abwägungsgebot, Mehrfachneugliederung und Vertrauensschutz, DVBl 1977, 1 ff.

Wolff, Hans J.: Rechtsformen gemeindlicher Einrichtungen, AfK 1963, 149 ff.

Printed by Libri Plureos GmbH
in Hamburg, Germany